ますます 菜菜(さいさい)ごはん

野菜・豆etc・素材はすべて植物性 楽しさ広がるレシピ集

"ますます菜菜ごはん"はこんなごはん

肉、魚、卵、乳製品などの動物性素材は使いません。

砂糖、だしも使いません。

野菜、豆、穀類、海藻など、植物性素材だけを使います。

メインのおそうざいになる植物性素材の料理がいっぱいです。

毎日楽しんでほしいから、材料は少なく、レシピはシンプルに。

NEW 新たに17種類の素材別おそうざいをラインアップ。

NEW パスタやサンドイッチ、おやつのメニューなども充実です。

……すべて植物性素材でととのえた、野菜や豆がいっぱいの料理。

そんな"菜菜ごはん"のコンセプトはそのまま、

メニューにいっそうの広がりを、食卓にいっそうの楽しさをプラス。

それが、この本でご紹介する"ますます 菜菜ごはん"です。

おかげさまで"菜菜ごはん"の続編をお届けできることになりました。

"菜菜ごはん"は、野菜や豆を中心とする植物性素材だけを使ったレシピ集。
野菜が持つ味や香りを最大限にひき出せば、
肉や魚などの動物性素材や、だしや砂糖の力を借りなくても、
「野菜だけだからこそのおいしさ」を実感できるお料理がつくれる。
そんなメッセージを込めて生まれました。

今回は、"菜菜ごはん"をさらにパワーアップ。
ごぼうやセロリ、納豆など、前回ご紹介できなかった素材別レシピをとり上げ、
また、休日のブランチなどにもおすすめのめんやパンのメニュー、
小腹がすいた時にうれしいおしゃれなおやつメニューも充実させています。

前回同様、むずかしいことはなし。
朝食に、お弁当に、お茶の時間に、夕食に、デザートに、夜食に、お酒のおつまみに……、
家族やお友だち、恋人と一緒に、また、ひとりでゆったりと……、
いそがしい平日、時間がたっぷりある休日……、
体をリセットしたい時、野菜をたくさん食べたい時……。
どんな場面にも、きっとぴったりくるメニューが見つかるはずです。

さあ、ますます"菜菜ごはん"を楽しみませんか？

[ますます 菜菜ごはん]　目次

"ますます 菜菜ごはん"はこんなごはん ─── 2
野菜のおいしさをひき出しましょう ─── 8
気ままにアレンジ 菜菜ごはん ─── 10

個性鮮やか
素材別おそうざい　12

[さや豆]
いんげんとみその青じそ巻き焼き ─── 14
絹さやと厚揚げのココナッツミルク煮 ─── 15
さとうさやとフルーツトマトのハーブサラダ ─── 16
いんげんのくたくた煮 ─── 16
絹さやのごま塩チャーハン ─── 17

[アスパラガス]
アスパラとえのきのチヂミ ─── 18
アスパラとエリンギの酒かすソースグラタン ─── 19
焼きアスパラのみそあえ ─── 20
アスパラの白みそポタージュ ─── 20
焼きアスパラと赤ピーマンのビビンバ丼 ─── 21

[豆]
グリーンピースの松風焼き ─── 22
枝豆の呉汁 ─── 23
そら豆のフムス ─── 24
そら豆の酒かす漬け ─── 24
枝豆の発芽玄米ちらしずし ─── 25

[きゅうり]
きゅうりのグリル サルサソースかけ ─── 26
煮きゅうりと干しきのこのくずあん仕立て ─── 27
たたききゅうりと厚揚げの中華あえ ─── 28
きゅうりの海藻とろろスープ ─── 28
きゅうりと長いもの寒天寄せ ─── 29

[セロリ]
セロリのゆば巻き焼き ─── 30
セロリと車麩の韓国風ごま煮 ─── 31
セロリの葉と納豆のチャーハン ─── 32
セロリのガスパチョ ─── 32
セロリスティックと3色ディップ ─── 33

[ブロッコリー]
ブロッコリーの豆腐キッシュ ─── 34
ブロッコリーのパコダ ─── 35
ブロッコリーの松前漬け ─── 36
ブロッコリーとなめこの寒天寄せ ─── 36
ブロッコリーとカシューナッツのパエリア ─── 37

[ごぼう]
ごぼうとナッツの唐揚げ ─── 38
ごぼうの精進ハンバーグ ─── 39
ごぼうのバルサミコ炒め ─── 40
ごぼうとおからの韓国風スープ ─── 40
ごぼうとさつまいものおこわ ─── 41

[ねぎ]

長ねぎのクリーミーグラタン ―― 42
万能ねぎのとろろ焼き ―― 43
炒め長ねぎと玄米もちのお雑煮 ―― 44
長ねぎの2色フルーツピクルス ―― 44
万能ねぎと押し麦のタブリ ―― 45

[里いも]

里いものみそコロッケ ―― 46
里いものインド風煮込み ―― 47
里いもグリルと水菜のゆずみそサラダ ―― 48
蒸し里いもの菊花あん ―― 48
里いもとなめこと海藻の混ぜごはん ―― 49

[白菜]

白菜のけんちん春巻 ―― 50
白菜と切干大根のラーパーツァイ ―― 51
白菜と干しきのこの梅干スープ ―― 52
白菜の白あえ ―― 52
白菜とエリンギのしょうが焼き丼 ―― 53

[長いも]

長いもの竜田揚げ ―― 54
長いも焼き ―― 55
長いものだんご汁 ―― 56
きんぴらとろろ丼 ―― 56
長いも豆腐 ―― 57

[かぶ]

精進かぶら蒸し ―― 58
かぶのグリル 中近東風 ―― 59
焼きかぶのごまあえ ―― 60
かぶのみぞれ汁 ―― 60
かぶのカレーマリネ ―― 61

[もやし]

スプラウトの豆腐にぎり ―― 62
もやしのベトナム風お好み焼き ―― 63
炒り大豆と小大豆もやしのみそスープ ―― 64
スプラウトとナッツの中華風サラダ ―― 64
小大豆もやし入り炊き込みごはん ―― 65

[納豆]

納豆とじゃがいものお焼き ―― 66
納豆のがんも ―― 67
即席干し納豆 ―― 68
納豆と根菜のごま汁 ―― 68
納豆の炊き込みピラフ ―― 69

[ひじき]

ひじきのソムタム ―― 70
ひじきとゆで大豆のそば粉かき揚げ ―― 70
ひじきとトマトのリゾット ―― 70
ひじきのしそぎょうざ ―― 70

[高野豆腐]

高野豆腐の磯カツ ———— 72

高野豆腐のずんだあえ ———— 72

炒り高野豆腐 ———— 72

高野豆腐の炊き込みずし ———— 72

[かんぴょう]

かんぴょうの照り焼き ———— 74

かんぴょうのハヤシライス風 ———— 74

かんぴょうのチャプチェ ———— 74

かんぴょうの長いも巻きグリル ———— 74

おいしさ広がる
めん、パン、おやつのメニュー 76

めんのメニュー

◎ だしいらずのつけだれ

とろみ野菜／ごまみそ／ごぼう／豆乳 ———— 78

◎ ひと味違う 焼きうどんと焼きそば

香り野菜の焼きうどん ———— 80

ねぎのしょうゆ焼きそば ———— 81

◎ 精進ラーメン

しょうゆラーメン ———— 82

みそラーメン ———— 83

◎ 満足パスタ

和風みそスパゲティ ———— 84

ベジミートソーススパゲティ ———— 85

海藻とブルーベリーのサラダスパゲティ ———— 86

パセリペーストのスパゲティ ———— 87

パンのメニュー

◎ パンにスプレッド

ごま／じゃがいも／赤ピーマン／豆腐 ———— 88

◎ ベジミートサンドイッチ

にんじんローフ／きのこローフ ———— 90

ゆばの精進ハム／油揚げの北京ダック風 ———— 92

おやつのメニュー

◎ ソフトビスケット

おからと切干大根 ———— 94

高野豆腐といちご ———— 94

そば粉とりんご ———— 94

柿と白みそ ———— 94

◎ まるごとベジまんじゅう

さつまいも／甘栗／ゆり根／かぼちゃ ———— 96

◎ ふわとろドリンク

豆腐のミルクセーキ ———— 98

きゅうりのビネガーシェイク ———— 98

オクラの豆乳アイスラテ ———— 98

ぶどうのとろろシェイク ———— 98

◎ 野菜のコンポート

長いも／れんこん／にんじん／大根 ———— 100

これからも、日々菜々 ———— 102

つくりはじめる前に

○ 材料はすべて2人分、またはつくりやすい分量です。
○ 1カップ＝200cc、大さじ1＝15cc、小さじ1＝5ccです。
○ 特に指定がない場合、野菜は中サイズのものを使っています。
○ 特に指定がない場合、野菜は皮ごと使っています（にんにく、玉ねぎを除く）。
○ 塩は自然塩を使います。
○ オリーブ油はエクストラバージンオリーブ油を使っています。
○ ただ「油」と書かれている時は、菜種油などクセのない油を使ってください。
○ こしょうは、黒粒こしょうを挽いて使っています。
○ 特に指定がない場合、米は三分づき米を使っています（白米と同様に炊けます）。
好みで発芽玄米、胚芽米などにかえてもいいですし、麦や雑穀を混ぜてもかまいません。
○ 小麦粉は地粉（国産の中力粉）を使っています。
○ レシピにたびたび登場する麦みそは、クセがなく自然な甘みがあり、調味料として重宝する素材。
ない場合はお持ちの米みそで代用してかまいませんが、分量は味をみながら加減してください。
○ メープルシロップは好みの自然な甘味料で代用してもかまいません。
○ 調味料の分量などはあくまで目安です。素材の状態や好みなどに応じて加減してください。

撮影　渡邉文彦　　スタイリング　三谷亜利咲
アートディレクション　伊丹友広（イット イズ デザイン）　　デザイン　大野美奈（イット イズ デザイン）
料理アシスタント　下条弘恵　　編集　萬歳公重

野菜のおいしさをひき出しましょう

"菜菜ごはん"のおいしさの鍵は、野菜のおいしさをひき出すこと。
野菜そのものが持つ自然な甘みや香り、食感を最大限に生かすための
ちょっとしたポイントをおさらいしておきましょう。

1 元気な野菜を選ぶ。

旬の新鮮な野菜は栄養価が高く、香りも味も濃いもの。
できるだけ自然な農法でつくられたものを選べば、皮ごと使っても安心です。

2 基本調味料にこだわる。

ふだんよく使う調味料こそ、いいものを。それだけでお料理の味がビシッと決まります。

- 塩　　海水の甘みやうまみをかね備えた自然塩を。
- しょうゆ　みそ　酢　　昔ながらの製法でじっくりと時間をかけて熟成させた、無添加のものを。
- 油　　昔ながらの製法でつくられた、圧搾一番搾りのものを。

3 皮ごと使う。

野菜の皮には、栄養もうまみも香りもたくさん含まれています。
できるだけ皮はむかずに調理しましょう。皮ごと使えば、皮はだしの役目もはたしてくれます。

4 水にさらさない。

水に浸すことで、せっかくのうまみや栄養分が逃げてしまう場合があります。
多少の"あく"はうまみの一部です。ただし、えぐみが強いほうれん草などだけは、
ゆでたらさっと冷水にとりましょう。

5　塩をじょうずに使う。

塩は野菜本来の甘みをひき出してくれます。
調理の要所要所で塩をごく少量ふることで、野菜料理は格段においしくなります。

6　五感で料理する。

お料理をはじめたら、五感をとぎすませましょう。たとえば、野菜を加熱していていい香りがしてきたら、次のステップに移る合図。香りのほかにも音や色などで、素材はみずからいちばんおいしい時を知らせてくれます。

7　「蒸し煮」がおすすめ。

野菜のシンプルな調理法のひとつとして、蒸し煮をおすすめします。最小限の水分で加熱するため、干し野菜や焼きいものように、うまみが凝縮された状態で味わえます。

□　蒸し煮の仕方（例：じゃがいも）

1　厚手の鍋（ステンレス製の多重構造の鍋などがおすすめ）に小さめに切ったじゃがいもを入れ、少量の水（じゃがいもが半分隠れるくらい）を加える。
2　塩少々を加えてふたをし、弱火にかける。
3　沸騰して鍋のふたがコトコト音をたて、いい香りがしてきたら、ふたをとって火のとおりを確認する。まだ固ければふたをしてもう数分蒸し煮する。柔らかくなっていればふたをとり、強火にして水分をとばす。
4　ほっこりしたでき上がり。

※ほかの野菜も同じ要領で蒸し煮できます。
ただし、加える水の量は、各野菜の水分量や切り方などによって加減してください。

気ままにアレンジ 菜菜ごはん

この本に登場するレシピでふたつの献立をつくってみました。
皆さんはどんな献立を楽しみますか……?

お家で菜菜

お家でゆったりくつろぎながらワンプレートメニューはいかがでしょう。
アジアっぽいお料理を中心に、いろいろな味を盛り込みました。
ビールで乾杯!

- 絹さやと厚揚げのココナッツミルク煮(P.15)
- アスパラとえのきのチヂミ(P.18)
- セロリのガスパチョ(P.32)
- 三分づきごはん(P.7)
- ビール

外で菜菜

ランチにこんなお弁当が待っていたら素敵。
充実した内容ですが、実は磯カツは揚げた状態で冷凍しておけば、
朝、ふたをしたフライパンやオーブントースターで温めるだけ。
ほか2品も、つくりおきのきくおかずです。

- 高野豆腐の磯カツ（P.72）、レモン、葉野菜
- ブロッコリーの松前漬け（P.36）
- いんげんのくたくた煮（P.16）
- 三分づきごはん（P.7）
- お茶

個性鮮やか

素材別おそうざい

季節の野菜に納豆や乾物など、17素材計82品のレシピが新登場。
それぞれの素材の多彩なおいしさに出会えます。
メインディッシュとして楽しめる満足感のあるおそうざいを中心に、
副菜、スープ、ごはんものまで、かんたんレシピをご紹介。
和風、洋風、エスニック風……、ほしいメニューがきっとあります。

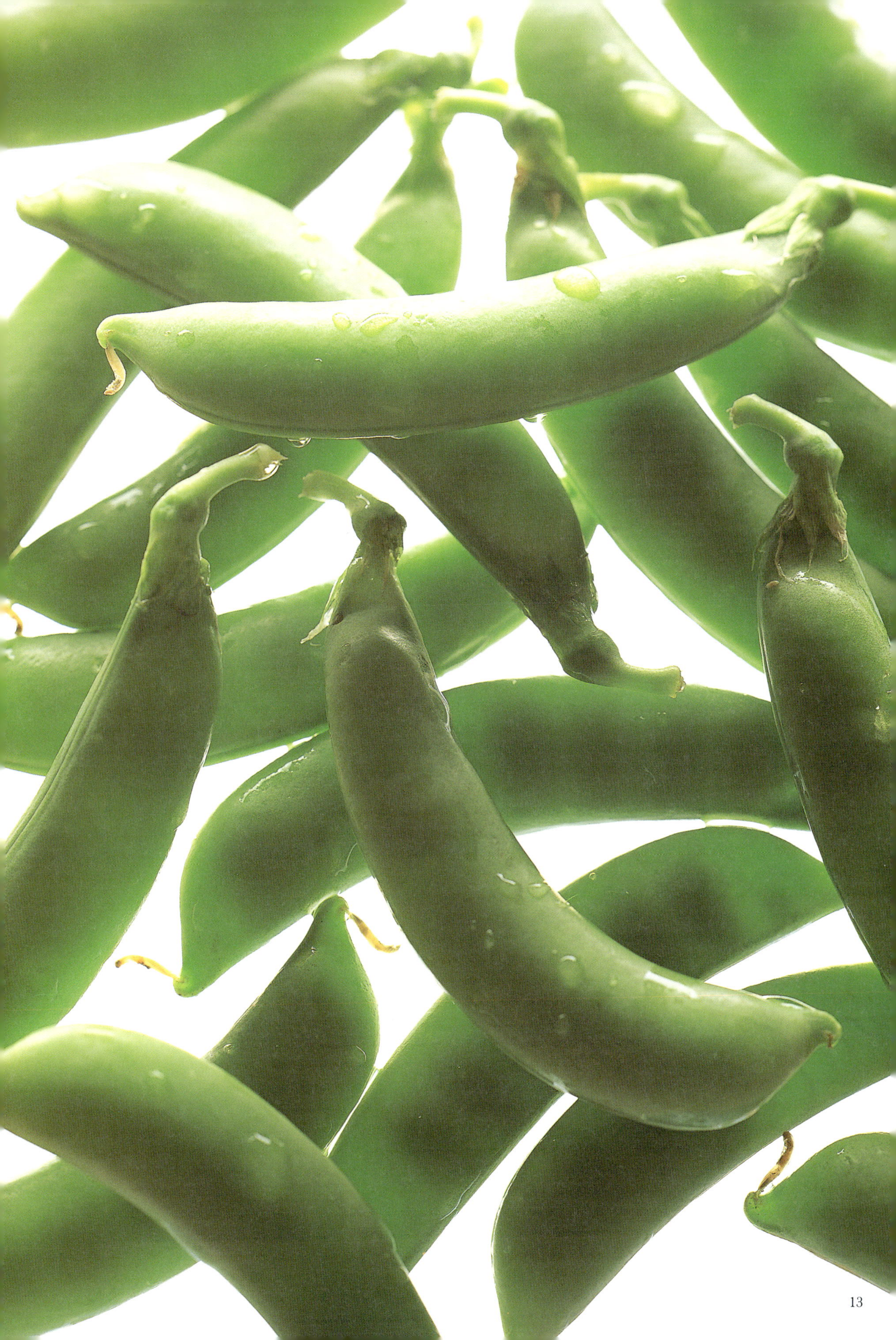

焼いたさやいんげんは食べごたえがあります。ごはんがすすむ香ばしい風味

いんげんとみその青じそ巻き焼き

Ⓐ くるみ（みじん切り）　5粒
　　麦みそ　大さじ1
青じそ　8枚
さやいんげん（半分に切る）　8本
油　適量

1　Aを混ぜ合わせ、8等分する。
2　青じそにさやいんげん2本と1を1個分ずつのせて巻く。
3　フライパンに油を熱し、2をこんがりと焼く。

手軽につくれて本格的な、タイ風カレー煮込み

絹さやと厚揚げのココナッツミルク煮

厚揚げ 1/2枚
A ┌ 青唐辛子（みじん切り） 1/2本
　├ しょうが（みじん切り） 1かけ
　└ にんにく（みじん切り） 1かけ
絹さや（筋をとる） 20枚
しめじ（適当にさく） 1/2パック
油 大さじ1
ココナッツミルク 1カップ
薄口しょうゆ 大さじ2
レモン汁 小さじ1
香菜 適宜

1 厚揚げは熱湯をさっとかけて油抜きし、ひと口大に切る。
2 Aはビンの底やすりこぎなどでつぶしてペースト状にする。
3 鍋に油を熱し、絹さやとしめじを炒める。
いい香りがしてきたら2を加えて弱火で2分ほど炒める。
4 ココナッツミルクと1を加えて2〜3分煮、
薄口しょうゆで味をととのえてさらに3分ほど煮る。仕上げにレモン汁を加える。
5 器に盛り、好みで香菜を飾る。

※青唐辛子がない場合は赤唐辛子で代用してください。

さとうさやとフルーツトマトの甘みがマッチ。色も形もかわいいサラダ
さとうさやとフルーツトマトのハーブサラダ

さとうさや(筋をとる)　8枚
フレッシュハーブ　少々
(ミント、バジル、イタリアンパセリなど)
新玉ねぎ(薄切り)　1/4個
オリーブ油　大さじ1
フルーツトマト(くし形切り)　2個
レモン汁　小さじ1
塩、黒粒こしょう　各少々

1　さとうさやはさやを開き、塩を加えた熱湯でさっとゆでて水気を切る。
2　フレッシュハーブは細かくちぎり、新玉ねぎと一緒にオリーブ油に漬けておく。
3　ボウルに1とフルーツトマトを入れ、塩、レモン汁、2を順に加えて混ぜ合わせる。最後に挽きたての黒粒こしょうをふる。

独特の歯ごたえと味わい。とっておきの常備菜です
いんげんのくたくた煮

しょうが(せん切り)　1かけ
ごま油　大さじ1
さやいんげん　20本
まいたけ(適当にさく)　1/2パック
赤唐辛子(種をとり、輪切り)　1/2本
Ⓐ　水　1 1/2カップ
　　八角　1/3かけ
しょうゆ　大さじ3

1　鍋にごま油を熱してしょうがを炒め、いい香りがしてきたらさやいんげん、まいたけ、赤唐辛子を加えて1分ほど炒める。
2　Aを加え、沸騰したら弱火で5分ほど煮る。さらに、しょうゆを加えて汁気がほとんどなくなるまで煮る。

絹さやならではのやさしい香りと甘みが際立つシンプルチャーハン
絹さやのごま塩チャーハン

絹さや 30枚
(筋をとり、せん切り)
ごま油 小さじ2
ごはん 茶碗3杯分
炒りごま(白) 大さじ2
塩 適量

1 フライパン(フッ素樹脂加工のものが向く)にごま油を熱し、絹さやを炒める。
2 ごはんを加えてパラパラになるまで炒め、炒りごまをふる。塩で味をととのえる。

たたいたアスパラガスは新鮮なおいしさ。薄衣の韓国風お好み焼き
アスパラとえのきのチヂミ

アスパラガス（細いもの）　1束（7～8本）
A ┌ 小麦粉　大さじ3
　├ 水　1/3カップ
　└ 塩　少々
えのきだけ（3cm長さに切る）　1/2袋
油　適量
たれ
　長ねぎ（みじん切り）　小さじ1
　すりごま（白）　小さじ1/2
　しょうゆ　大さじ1
　酢　大さじ1/2
　粉唐辛子　少々

1　アスパラガスはすりこぎやめん棒、ビンの底などでたたいてつぶし、3cm長さに切る。
2　ボウルにAを入れて混ぜ、1とえのきだけを加え混ぜる。
3　フライパンに油を熱し、2を食べやすい大きさに流し入れて、両面をこんがりと焼く。たれの材料を混ぜ合わせて添える。

酒かすの甘みとコクが、深みのある味わいをつくります
アスパラとエリンギの酒かすソースグラタン

アスパラガス（適当に切る）　4本
エリンギ（1cm厚さの輪切り）　2本
オリーブ油　小さじ1　塩、こしょう　各少々
酒かすソース
　　豆乳　1カップ
　　酒かす　大さじ2
　　にんにく（みじん切り）　小さじ1
　　オリーブ油　大さじ1
　　玉ねぎ（みじん切り）　1/4個
　　小麦粉　大さじ1
　　塩、こしょう　各少々

1　フライパンにオリーブ油を熱してアスパラガスとエリンギを炒め、塩、こしょうで下味をつける。
2　酒かすソースをつくる。まず、豆乳に酒かすを溶いておく（ミキサーまたはフードプロセッサーを使うとかんたん）。
3　鍋にオリーブ油とにんにくを入れ、弱火でじっくりと熱する。いい香りがしてきたら玉ねぎを加えて炒め、小麦粉を加えて弱火で1分ほど炒める。
2を少しずつ加えて溶きのばし、塩、こしょうで味をととのえる。
4　耐熱の器に1を並べて3をかけ、220℃のオーブンまたはオーブントースターで、おいしそうな焼き色がつくまで7〜8分焼く。

焼いたアスパラガスの甘みを、ひと味違うみそ衣がひきたてます
焼きアスパラのみそあえ

アスパラガス　1束(4〜5本)
塩　少々
A ┌ 玉ねぎ(みじん切り)　大さじ1
　├ すりごま(白)　小さじ1
　├ 麦みそ　大さじ1½
　├ オリーブ油　小さじ1
　└ 練り辛子　少々

1　アスパラガスは塩をふり、油をひかないフライパンや網、オーブントースターなどで少し焦げめがつくまで焼く。適当に切る。
2　Aを混ぜ合わせ、1を熱いうちにあえる。

アスパラガスのうまみをまるごとスープ仕立てに
アスパラの白みそポタージュ

玉ねぎ(薄切り)　¼個
油　小さじ1
長いも(皮をむき、薄い輪切り)　3cm
白まいたけ(ざく切り)　⅙パック
アスパラガス(適当に切る)　4本
水　2カップ
白みそ　大さじ2
塩　少々

1　鍋に油を熱し、玉ねぎを弱火でじっくりと炒める。少し色づいてきたら長いも、白まいたけ、アスパラガスを加えてさらに炒める。
2　水を加え、長いもが柔らかくなるまで5分ほど煮る。
3　2と白みそをミキサーまたはフードプロセッサーにかけてなめらかにする。鍋にもどして温め、塩で味をととのえる。

後ひく味わいの漬けだれが、野菜をいっそうおいしくします
焼きアスパラと赤ピーマンのビビンバ丼

アスパラガス　4本
ピーマン（赤）　2個
ごはん　丼2杯分
すだち（半分に切る）　½個
漬けだれ
　長ねぎ（みじん切り）　小さじ1
　すりごま（白）　小さじ1
　薄口しょうゆ　大さじ2弱
　ごま油　小さじ1
　粉唐辛子　少々

1　アスパラガスと赤ピーマンは、網や200～220℃のオーブンまたはオーブントースターなどで焦げめがつくまで焼く。
アスパラガスは4cm長さに切る。
赤ピーマンは熱いうちに薄皮をむいて種とへたをとり除き、適当に切る。
2　漬けだれの材料を混ぜ合わせ、1を10分ほど漬ける。
3　器にごはんを盛り、2を汁ごとのせる。
すだちを絞り、全体を混ぜていただく。

※野菜はほかにも好みのものでOK。旬の野菜をとり合わせて楽しんでください。

グリーンピースの風味を凝縮した焼きものです
グリーンピースの松風焼き

グリーンピース　1カップ
(さやから出したもの)
塩　少々
Ⓐ　麦みそ　小さじ1
　　塩　少々
玉ねぎ(みじん切り)　1/4個
生しいたけ(みじん切り)　2枚
ごま油　小さじ1
小麦粉　大さじ2強
けしの実　適量
くずあん
　　水　1/4カップ
　　しょうゆ　小さじ2
　　くず粉　小さじ1弱

1　グリーンピースは塩を加えた熱湯で柔らかくなるまでゆで、水気を切る。
ボウルに入れて粗くつぶし、Aを加え混ぜる。
2　フライパンにごま油を熱し、玉ねぎとしいたけを弱火でじっくりと炒める。
玉ねぎが少し色づいてきたら1に小麦粉とともに加え混ぜる。
3　天板にオーブンシートを敷いて油(分量外)を塗り、2をのせて
2cm厚さの正方形にととのえる。
190℃のオーブンでおいしそうな焼き色がつくまで12分ほど焼く。
4　くずあんをつくる。小鍋に水としょうゆを入れて火にかけ、
沸騰したら同量の水(分量外)で溶いたくず粉を少しずつ加えてとろみをつける。
5　3に4を塗り、けしの実をふる。適宜に切って器に盛る。

※ミニハンバーグ風やひと口コロッケにしてもおいしい。
お弁当のおかずやサンドイッチの具にもおすすめです。

豆の香りと甘み、コクがいっぱいの和風ポタージュ
枝豆の呉汁

枝豆 1/2カップ
（塩ゆでしてさやから出したもの）
水 1カップ
しめじ（適当にさく） 1/4パック
油、みそ 各小さじ1
塩 少々
絹ごし豆腐（適当に切る） 1/5丁

1 枝豆は飾り用に数粒残し、水とともにミキサーまたはフードプロセッサーにかけてなめらかにする。
2 鍋に油を熱し、しめじを炒める。1の汁を加えて温め、みそと塩で味をととのえる。
3 豆腐を加えて器に盛り、1の枝豆を飾る。

ポテトサラダ感覚で楽しみたい、中近東風豆のペースト

そら豆のフムス

そら豆（さやから出したもの）　½カップ
A ┌ にんにく（すりおろす）　少々
　├ クミンパウダー　少々
　├ 粉唐辛子、塩、こしょう　各少々
　└ オリーブ油、レモン汁　各大さじ½
塩　少々
ケッパー　大さじ1
B ┌ オリーブ油　大さじ½
　└ パプリカ　少々
レモン（くし形切り）　適量
サラダ菜　適宜

1　そら豆は塩を加えた熱湯で柔らかくなるまでゆで、薄皮をむく。
2　1とAをミキサーまたはフードプロセッサーにかけてなめらかにし、塩で味をととのえる。
3　器に盛ってケッパーを散らし、混ぜ合わせたBをかける。レモンを添え、好みでサラダ菜をあしらう。

※中近東ではひよこ豆でつくられますが、そら豆やグリーンピース、大豆などでもおいしくできます。
パンやクラッカーにのせて食べてもおいしい。

日本酒や焼酎のおつまみにぴったり。はし休めにもなります

そら豆の酒かす漬け

そら豆　½カップ
（さやから出したもの）
塩　少々
A ┌ 酒かす　大さじ2
　└ 白みそ　大さじ2

1　そら豆は塩を加えた熱湯でゆでる。薄皮をむく。
2　Aを混ぜ合わせ、1を半日以上漬ける。

酢に浸した具を汁ごと混ぜるので手軽。彩りも美しいサラダ風ちらしずし

枝豆の発芽玄米ちらしずし

発芽玄米 2合
菊の花(ほぐす) 3〜4個
A　米酢 1/4カップ
　　塩 小さじ1弱
紫玉ねぎ(薄切り) 1/2個
枝豆 1/2カップ
(塩ゆでしてさやから出したもの)

1 発芽玄米は少し固めに炊く。
2 菊の花は米酢少々(分量外)を加えた熱湯でさっとゆでてさっと水にとり、水気を切る。
3 Aを混ぜ合わせ、紫玉ねぎと2を15分以上漬ける。
4 ごはんが炊けたら3を汁ごと加え混ぜ、枝豆を散らす。

焼いて甘みが増したきゅうりに、ピリッとさわやかなソースが合います
きゅうりのグリル サルサソースかけ

きゅうり（1.5cm幅の斜め切り） 大きめ1本
塩、こしょう 各少々
小麦粉 適量
オリーブ油 大さじ1
サルサソース
  トマト（5mm角切り） 1個
  紫玉ねぎ（みじん切り） 1/4個
  万能ねぎ（小口切り） 1本
  青唐辛子（みじん切り） 1本
  レモン汁 1/2個分
  しょうゆ 小さじ1
  塩 小さじ1/2
  香菜（好みで。みじん切り） 適宜

1 きゅうりは塩、こしょうをし、両面に茶こしで薄く小麦粉をつける。
2 フライパンにオリーブ油を熱し、1を両面こんがりと焼く。
3 サルサソースの材料を混ぜ合わせ、2にかける。

※青唐辛子がない場合は赤唐辛子で代用してください。

とうがんのようにとろっとさせたきゅうりに、きのこのうまみを含ませます
煮きゅうりと干しきのこのくずあん仕立て

干しきのこ 計1/2カップ
（スライス状の干ししいたけ、
干ししめじ、干しまいたけなど）
水 2カップ
きゅうり 1本
（縦に4等分して横に3等分する）
しょうゆ 小さじ2
塩 少々
くず粉 大さじ1
しょうが（すりおろす） 1かけ

1 鍋に干しきのこと水を入れて火にかける。
鍋縁が泡立ってきたら火をとめ、15分ほどそのままおく。
2 1にきゅうりを加えて弱火で10分ほど煮る。
しょうゆと塩で味をととのえ、同量の水（分量外）で溶いたくず粉を
少しずつ加えてとろみをつける。
3 器に盛り、しょうがをのせる。

たれがよくしみ込んだ、ごはんに合う味
たたききゅうりと厚揚げの中華あえ

きゅうり 1本
厚揚げ ½枚
A ─ 万能ねぎ（小口切り） 2本
　　 すりごま（白） 大さじ1
　　 しょうが汁 1かけ分
　　 しょうゆ 大さじ1強
　　 ごま油 大さじ1

1 きゅうりはビニール袋に入れ、すりこぎまたはめん棒などでたたいて食べやすい大きさにする。
2 厚揚げは熱湯をさっとかけて油抜きし、手で食べやすい大きさにちぎる。
3 Aを混ぜ合わせ、1と2をあえる。

加熱いらずの夏向けスープ。ゆずこしょうが味のひきしめ役です
きゅうりの海藻とろろスープ

オクラ 3本
A ─ もずく、めかぶ（生） 各¼カップ
　　 しょうゆ 大さじ1
　　 水 1½カップ
　　 塩、ゆずこしょう 各少々
塩 少々
きゅうり ½本
（縦に4等分して薄い小口切り）
炒りごま（白） 適量

1 オクラに塩をまぶしつける。
2 1とAをミキサーまたはフードプロセッサーにかけてなめらかにし、塩で味をととのえる。
3 きゅうりを加えて冷蔵庫で冷やす。器に盛り、炒りごまをふる。

目のさめるような美しさ。きゅうりのエキスをとじ込めた寒天寄せ

きゅうりと長いもの寒天寄せ

A
- きゅうり（すりおろす） 1本
- 長いも ½カップ
 （皮をむき、すりおろす）
- 塩 小さじ½

水 1½カップ
寒天パウダー 1袋（4g）
おろしわさび、しょうゆ 各適量

1 Aを混ぜ合わせておく。
2 鍋に水を入れ、寒天パウダーをふり入れる。
木べらで混ぜながら火をとおし、沸騰したら弱火で1～2分煮る。
3 2に1を少しずつ、かき混ぜながら加える。
流し缶（14.5cm×11cmのものを使用）に流し入れて冷やし固める。
4 適宜に切って器に盛り、おろしわさびをのせる。
しょうゆを添えていただく。

※流し缶は適当な型・容器で代用してもかまいません。

シャキシャキした歯ざわりが心地いい、品のいいゆばぎょうざ

セロリのゆば巻き焼き

しょうが（せん切り）　1かけ
ごま油　小さじ1
セロリ　1/3本
（斜め薄切りにした後せん切り）
きくらげ（もどして細切り）　3〜4枚
長いも（せん切り）　3cm
塩、こしょう　各少々
生ゆば（約15cm×6cm）　8枚
油　適量
たれ
　酢、しょうゆ　各大さじ1
　粉唐辛子　少々

1　フライパンにごま油を熱し、しょうがを炒める。いい香りがしてきたらセロリ、きくらげ、長いもを順に加えてさっと炒める。塩、こしょうで下味をつけ、8等分する。
2　生ゆばに1を1個分ずつのせて巻く。
3　フライパンに油を熱し、2を転がしながらおいしそうな焼き色がつくまで焼く。たれの材料を混ぜ合わせて添える。

薬味と一緒にじっくり煮ると、セロリがぐんと食べやすくなります

セロリと車麩の韓国風ごま煮

車麩 4枚
長ねぎ(みじん切り) 大さじ1
にんにく(みじん切り) 1かけ
ごま油 大さじ1
セロリ(斜め切り) 1本
A ┌ しょうゆ 大さじ2
 │ すりごま(白) 大さじ1
 │ しょうが汁 小さじ1/2
 │ 粉唐辛子 少々(好みで加減)
 │ 塩、こしょう 各少々
 └ 水 1 1/2カップ

1 車麩はぬるま湯に浸してもどし、軽く水気を絞る。それぞれ3等分する。
2 鍋にごま油と長ねぎ、にんにくを入れ、弱火でじっくりと熱する。いい香りがしてきたらセロリを加えて炒める。
3 2に1とAを加え、沸騰したら弱火で汁気が少なくなるまで煮る。

セロリの葉をたっぷり使います。納豆のコクと絶妙の相性
セロリの葉と納豆のチャーハン

セロリの葉（細かいざく切り）1本分
ごま油　小さじ2
納豆　50g（1パック）
ごはん　茶碗3杯分
塩　小さじ1
こしょう、しょうゆ　各少々

1　フライパン（フッ素樹脂加工のものが向く）にごま油を熱し、セロリの葉をさっと炒める。納豆とごはんを加えてパラパラになるまで炒め、塩、こしょうで味をととのえる。
2　仕上げにしょうゆを縁からまわし入れて全体を混ぜる。
※こしょうはしっかりきかせた方がおいしい。

セロリのさわやかな香味をきかせた"飲むサラダ"
セロリのガスパチョ

A ┬ セロリ（適当に切る）　1/2本
　├ トマト（ざく切り）　大1個
　├ 玉ねぎ　1/8個
　├ にんにく　少々
　├ オリーブ油　大さじ1
　├ 白ワインビネガー（または米酢）　小さじ1強
　└ 塩　小さじ1/2強
こしょう　少々
セロリの葉　適宜

1　Aをミキサーまたはフードプロセッサーにかけてなめらかにする。
2　器に盛ってこしょうをふり、好みでセロリの葉を飾る。

個性豊かなディップを添えて。セロリがたくさん食べられます

セロリスティックと3色ディップ

セロリスティック　適量
回きのこディップ
にんにく（みじん切り）　1かけ
長ねぎ（みじん切り）　5cm
ごま油　大さじ1
きのこ　計1カップ
（マッシュルーム、生しいたけ、
まいたけなど。薄切り）
A ┌ しょうゆ　大さじ1強
　├ レモン汁　小さじ1
　└ 塩、こしょう　各少々

回にんじんディップ
にんじん　1/2本　塩　少々
カシューナッツ　16粒
みそ　大さじ1（好みで加減）
オリーブ油　大さじ1
回アボカドディップ
アボカド（種をとり、皮をむく）　1個
玉ねぎ　1/6個
レモン汁　小さじ1
オリーブ油　大さじ1
塩　小さじ1/2（好みで加減）

1　きのこディップをつくる。フライパンにごま油とにんにく、長ねぎを入れ、弱火でじっくりと熱する。
いい香りがしてきたらきのこを加えて炒める。
Aとともにミキサーまたはフードプロセッサーにかけてなめらかにし、塩で適宜味をととのえる。
2　にんじんディップをつくる。にんじんは蒸し煮し（P.9）、ほかの材料とともに
ミキサーまたはフードプロセッサーにかけてなめらかにする。みそで適宜味をととのえる。
3　アボカドディップをつくる。すべての材料をミキサーまたはフードプロセッサーにかけてなめらかにし、
塩で適宜味をととのえる。
4　セロリスティックにつけていただく。

※にんじん、大根、きゅうりなどの野菜スティックをとり合わせても。
また、薄くスライスしてカリッと焼いたバゲットにのせると、オードブルにぴったりです。

卵も生クリームもチーズも使わずにつくれる満足キッシュ

ブロッコリーの豆腐キッシュ

木綿豆腐 1丁
にんにく（みじん切り） 1かけ
オリーブ油 大さじ1強
玉ねぎ（薄切り） 1/4個
生しいたけ（薄切り） 4枚
ブロッコリー（小房に分ける） 1/2個
Ⓐ　すりごま（白） 小さじ1強
　　塩 小さじ1　こしょう 少々
長いも（すりおろす） 1/3カップ
小麦粉 大さじ2 1/2
ワンタンの皮 20枚
油 適量

1　鍋に湯を沸かし、豆腐をくずし入れる。
ふたたび沸騰したらざるに上げ、皿で10分ほど重しをして水気を切る。
2　フライパンにオリーブ油とにんにくを入れ、弱火でじっくりと熱する。
いい香りがしてきたら玉ねぎとしいたけを加えて炒め、
ブロッコリーを加えてさっと炒める。Aで味をととのえる。
3　1の豆腐をそのままざるで裏ごししてボウルに入れ、
長いものとろろ、2、小麦粉を順に加え混ぜる。
4　型（直径18cmの底がとれるタルト型を使用）に油を塗る。
ワンタンの皮に油を塗り、ずらし重ねて型全体に敷きつめる。
3を入れ、190℃のオーブンでおいしそうな焼き色がつくまで20分ほど焼く。

※ワンタンの皮は、しゅうまい、ぎょうざ、春巻の皮でもOK。
また、タルト型は適当な型・耐熱容器で代用してもかまいません。
※キッシュはほかにも好みの野菜で楽しめます。

甘くスパイシーな香りがたまらない、エスニック風天ぷら
ブロッコリーのパコダ

A
- 小麦粉　1/2カップ
- 水　1/2カップ弱
- しょうが汁　小さじ1
- コリアンダーパウダー　小さじ1
- クミンパウダー　小さじ1
- 塩　小さじ1/2
- チリパウダー　少々

ブロッコリー（小房に分ける）　1個
揚げ焼き用の油　適量
ライム（またはレモン。くし形切り）　適宜
塩　適宜

1　Aをさっくりと混ぜる。
2　フライパンに油を深さ1cmほど入れて熱し、1の衣をつけたブロッコリーを入れて、返しながらきつね色に揚げ焼きする。
3　器に盛り、好みでライムと塩を添える。

※左記のスパイスがない場合は、カレー粉小さじ1で代用してもかまいません。
※ブロッコリーは、実は天ぷらにするととてもおいしい素材のひとつ。クセが消え、ほくほくした食感になります。

甘辛風味と食感の妙が後をひく、サラダ感覚の松前漬け

ブロッコリーの松前漬け

ブロッコリー（小房に分ける）　½個
にんじん（せん切り）　2cm
塩　少々
がごめ昆布（刻み）　½カップ
A ┌ しょうゆ、水　各大さじ1
　├ しょうが汁　小さじ1
　├ メープルシロップ　小さじ1
　└ 粉唐辛子　少々
赤唐辛子　1本

1　ブロッコリーは塩を加えた熱湯で固めにゆで、水気を切る。
　にんじんは塩をまぶしつけ、しんなりさせる。
　がごめ昆布は水に浸してもどし、水気を切る。
2　Aを混ぜ合わせ、1と赤唐辛子を加え混ぜる。
　30分後くらいからが食べごろ。

※がごめ昆布は、松前漬けに使われるぬめり気の強い昆布。
手に入らない場合はめかぶで代用してください。

花模様のような愛らしい見た目。プチッ、ぬめっ、つるんとした食感も楽しい

ブロッコリーとなめこの寒天寄せ

ブロッコリー　⅓個
塩　少々
A ┌ 水　1¼カップ
　├ 寒天パウダー　½袋（2g）
　├ なめこ（小粒）　½パック
　└ 塩、薄口しょうゆ　各少々
おぼろ昆布　ひとつかみ
しょうが（すりおろす）　適量
しょうゆ　適量

1　ブロッコリーは塩を加えた熱湯でゆでて水気を切り、ざく切りにする。
2　鍋にAを入れて火にかける。
　木べらで混ぜながら火をとおし、沸騰したら弱火で1分ほど煮る。
3　2に1とおぼろ昆布を少しずつ、かき混ぜながら加える。
　流し缶（14.5cm×11cmのものを使用）に流し入れて冷やし固める。
4　適宜に切って器に盛り、しょうがをのせる。しょうゆを添えていただく。

※流し缶は適当な型・容器で代用してもかまいません。

油と相性がいいブロッコリーを、彩り鮮やかなパエリア仕立てに

ブロッコリーとカシューナッツのパエリア

サフラン　少々
湯　1カップ
にんにく(みじん切り)　1かけ
オリーブ油　大さじ2
玉ねぎ(みじん切り)　1/2個
米(洗ってざるに上げておく)　1カップ
Ⓐ ┌ ブロッコリー(小房に分ける)　1/2個
　 │ ピーマン　1個
　 │ (赤。種とへたをとり、縦に8等分する)
　 └ カシューナッツ　1/4カップ
Ⓑ ┌ 塩　小さじ1
　 └ こしょう　少々
オリーブ油　少々

1　サフランは湯に浸して色を出しておく。
2　オーブン・直火両用の厚手で浅めの鍋または器に、
オリーブ油とにんにくを入れ、弱火でじっくりと熱する。
いい香りがしてきたら玉ねぎを加えて少し色づくまで炒め、
米を加えてさらに炒める。
3　米が透きとおってきたらAを加えて1〜2分炒め、1とBを加え混ぜて
ふたをする。沸騰したら弱火で10分ほど煮て火をとめる。
4　ふたをとってオリーブ油をふり、
220℃のオーブンでおいしそうな焼き色がつくまで5〜6分焼く。

香ばしいコクと歯ごたえが満足感を呼びます。五香粉を入れると本格的な味わいに

ごぼうとナッツの唐揚げ

ごぼう（5cm長さの拍子木切り） 1/2本
しょうゆ 小さじ2
Ⓐ ┌ ピーナッツ、くるみ 計1/4カップ
  │   （粗みじん切り）
  │ 小麦粉 1/2カップ
  │ 水 1/3カップ
  └ 五香粉、しょうが汁 各小さじ1/2
揚げ焼き用の油 適量

1 ごぼうはしょうゆをまぶしておく。
2 Aを混ぜ合わせ、1を加え混ぜる。
3 フライパンに油を深さ1cmほど入れて熱し、2をひと口大に落とし入れる。きつね色に揚げ焼きする。

※五香粉がない場合は、入れなくてもかまいません。

ごぼうのささがきをたっぷり入れて。肉に負けないボリューム感です
ごぼうの精進ハンバーグ

木綿豆腐 1/2丁
玉ねぎ(みじん切り) 1/4個
ごま油 小さじ2
ごぼう(ささがき) 1/2本
塩、しょうゆ 各少々
A│ すりごま(白) 小さじ2
 │ 麦みそ 小さじ1
B│ 長いも(すりおろす) 大さじ1
 │ 小麦粉 大さじ1強
油 適量　七味唐辛子 少々
水菜(適当にちぎる) 適宜
くずあんソース
　水 1/4カップ　しょうゆ 小さじ2
　くず粉 小さじ1弱

1　鍋に湯を沸かし、豆腐をくずし入れる。ふたたび沸騰したらざるに上げ、皿で20分ほど重しをしてしっかり水気を切る。
2　フライパンにごま油を熱し、玉ねぎを弱火でじっくりと炒める。少し色づいてきたらごぼうを加え、いい香りがするまでさらに炒める。塩、しょうゆで下味をつける。
3　1の豆腐をそのままざるで裏漉ししてボウルに入れ、A、B、2を順に加え混ぜる。2等分してハンバーグ形にととのえる。
4　フライパンに油を熱し、3を両面こんがりと焼く。
5　くずあんソースをつくる。小鍋に水としょうゆを入れて火にかけ、沸騰したら同量の水(分量外)で溶いたくず粉を少しずつ加えてとろみをつける。
6　器に4を盛って5をかけ、七味唐辛子をふる。好みで水菜を添える。

バルサミコ酢のコクと甘み、酸味をきかせた変わりきんぴら

ごぼうのバルサミコ炒め

ごぼう(斜め切り) ½本
オリーブ油 小さじ2
Ⓐ バルサミコ酢 大さじ2
　 しょうゆ 大さじ1
チャービル 適宜

1 フライパンにオリーブ油を熱し、ごぼうを炒める。
いい香りがしてきたら、混ぜ合わせたAを少しずつ加え、
汁気がなくなるまで炒める。
2 器に盛り、あればチャービルを飾る。

ごぼうの甘いいい香りを堪能できます。おからでやさしいコクをプラス

ごぼうとおからの韓国風スープ

ごぼう(ささがき) ⅛本
ごま油 小さじ2
Ⓐ 長ねぎ(小口切り) 8cm
　 生しいたけ(薄切り) 2枚
　 おから ⅓カップ
水 2カップ
しょうゆ 大さじ1
塩 少々
すりごま(白) 大さじ1弱
粉唐辛子 小さじ½(好みで加減)
万能ねぎ(小口切り) 適宜

1 鍋にごま油を熱し、ごぼうを炒める。
いい香りがしてきたらAを加えてさらに炒める。
2 1に水を加え、沸騰したら弱火で1〜2分煮てしょうゆ、
塩で味をととのえる。
仕上げにすりごまと粉唐辛子を加え、好みで万能ねぎを散らす。

相性のいい甘みのある素材を組み合わせた、かんたんおこわ
ごぼうとさつまいものおこわ

もち米 ¾カップ
米 ¼カップ
ごぼう(ささがき) ¼本
ごま油 小さじ2
さつまいも(1cm角切り) ¼本
A ┌ 水 1カップ
　├ しょうゆ 大さじ1
　└ 塩 少々
炒りごま(黒) 適量

1 もち米と米は合わせて洗い、ざるに上げておく。
2 フライパンにごま油を熱し、ごぼうを炒める。いい香りがしてきたらさつまいもを加え、全体に油がまわるまで炒める。
3 炊飯器に1、2、Aを入れて普通に炊く。器に盛り、炒りごまをふる。

蒸し煮した長ねぎはホワイトアスパラのような味わい。コクのあるソースが合います

長ねぎのクリーミーグラタン

長ねぎ 2本
(白い部分。5cm長さに切る)
A ┌ にんにく(つぶす) ½かけ
　├ ローリエ ½枚
　└ 塩 少々
えのきだけ(半分に切る) ½袋
パン粉 適量
豆腐ソース
　絹ごし豆腐 ½丁
　白みそ 大さじ2
　オリーブ油 大さじ1
　レモン汁、マスタード 各小さじ½
　塩 少々

1 厚手の鍋に長ねぎを入れ、長ねぎが半分隠れるくらいの高さまで水(分量外)を加え、Aも加える。ふたをして10分ほど蒸し煮する(P.9)。
2 豆腐ソースの材料をミキサーまたはフードプロセッサーにかけてなめらかにする。
3 耐熱の器にオリーブ油(分量外)を塗り、1の長ねぎとえのきだけを並べて2をかける。パン粉をふり、220℃のオーブンまたはオーブントースターでおいしそうな焼き色がつくまで7〜8分焼く。

※マスタードを加えた豆腐ソースは、マヨネーズにも似た深みのある味わいです。

半生とろろにねぎをたっぷり加える、変わりもんじゃ焼き
万能ねぎのとろろ焼き

長いも 1カップ
（皮をむき、すりおろす）
塩 少々
油 小さじ2
万能ねぎ（小口切り） 1/4束
しょうゆ 適量

1 長いものとろろに塩を加え混ぜる。
2 フライパン（フッ素樹脂加工のものが向く）に油を熱し、1を円形に流し入れる。表面に万能ねぎを散らし、弱火で1〜2分焼いたら半分に折る（中はとろろの状態でOK）。
しょうゆを添え、スプーンなどですくっていただく。

長ねぎのうまみをおもちに吸わせる、和風オニオングラタンスープ

炒め長ねぎと玄米もちのお雑煮

長ねぎ(小口切り) 1本
ごま油 小さじ2
水 2カップ
豆みそ 大さじ2(好みで加減)
玄米もち 4個
粉山椒、ゆずの皮 各少々

1 フライパンにごま油を熱し、長ねぎを弱火で
ややきつね色になるまでじっくりと炒める。
2 1を鍋に移して水を加え、沸騰したら豆みそで味をととのえる。
3 玄米もちを焼いて器に入れ、2をそそぎ入れる。
粉山椒をふり、ゆずの皮を散らす。

フルーツの甘酸っぱさを生かしたピクルス。ピリッとした辛みが隠し味

長ねぎの2色フルーツピクルス

長ねぎ(3cm長さに切る) 2本
キウィのピクルス液
　キウィ 1½個
　(皮をむいて適当に切る)
　米酢 小さじ2
　塩 小さじ½
　ゆずこしょう 少々
いちごのピクルス液
　いちご(へたをとる) ½カップ
　米酢 小さじ2
　塩 小さじ½
　黒粒こしょう(砕く) 少々

1 長ねぎは油をひかないフライパンや網、200〜220℃の
オーブンなどでおいしそうな焦げめがつくまで焼く。
2 キウィのピクルス液、いちごのピクルス液は、
それぞれすべての材料をミキサーまたはフードプロセッサーにかけて
なめらかにする。
3 1を半量ずつ2に漬け、冷蔵庫に入れる。
2〜3時間後からが食べごろ。

ビタミンたっぷり、さわやかな香りの中近東風サラダ
万能ねぎと押し麦のタブリ

A
- 押し麦（炊いたもの）　¼カップ
- 万能ねぎ（小口切り）　5本
- トマト（5mm角切り）　½個
- イタリアンパセリ（みじん切り）　1本
- ミント（みじん切り）　½本

ドレッシング
- にんにく（みじん切り）　½かけ
- レモン汁　大さじ1
- オリーブ油　大さじ1½
- シナモンパウダー　少々
- オールスパイスパウダー　少々
- 塩、こしょう　各少々

1 ドレッシングの材料を混ぜ合わせる。
2 Aをボウルに入れて混ぜ、1であえる。

※押し麦は炊飯器で米と同様に炊けます。いちどに多めに炊き、小分けして冷凍しておくと便利。サラダのほかにも炒めものやスープなどに、お豆感覚で気軽にプラスできます。

里いものねっとり感に麦みその甘みがマッチ。ひき肉入りのような口あたりです

里いものみそコロッケ

里いも　小3個
しょうが（みじん切り）　1かけ
玉ねぎ（みじん切り）　1/4個
油　小さじ1
生しいたけ（みじん切り）　3枚
くるみ（みじん切り）　大さじ2
麦みそ　大さじ1 1/2
小麦粉　適量
長いも（すりおろす）　5cm
パン粉　適量
揚げ焼き用の油　適量

1　里いもは蒸して皮をむき、つぶす。
2　フライパンに油を熱し、しょうが、玉ねぎを弱火でじっくりと炒める。玉ねぎが少し色づいてきたらしいたけとくるみを加えて炒め、麦みそで下味をつける。
3　1に2を加え混ぜて6等分し、たわら形にととのえる。小麦粉、長いものとろろ、パン粉の順に衣をつける。
4　フライパンに油を深さ1cmほど入れて熱し、3を入れる。きつね色に揚げ焼きする。

里いもは実はカレー粉と相性抜群。新しいおいしさが発見できます

里いものインド風煮込み

クミンシード 小さじ1/2
オリーブ油 大さじ1
里いも 4個
（皮をむき、乱切り）
トマト（ざく切り） 1個
A ┌ カレー粉 小さじ2
  │ コリアンダーパウダー 小さじ1
  │ 塩 小さじ1
  └ 粉唐辛子 少々
水 1カップ
香菜 適宜

1 鍋にオリーブ油とクミンシードを熱し、いい香りがしてきたら里いも、トマト、Aを順に加えて炒める。
2 水を加えてふたをし、里いもが柔らかくなるまで弱火で10〜15分煮る。味見をして薄ければ、さらに塩を適宜加える。
3 器に盛り、好みで香菜を飾る。

※里いもはふだんのカレーに加えるのもおすすめです。
里いものねっとり感と淡白な味わいは、カレーによくなじみます。

里いもがさっぱりと食べられる、和風サラダ
里いもグリルと水菜のゆずみそサラダ

里いも 2個
（皮をむき、1cm厚さの輪切り）
オリーブ油 小さじ2　塩 少々
水菜（適当にちぎる） 適量（約50g）
ゆずみそドレッシング
　オリーブ油 大さじ1強
　米酢 大さじ1弱　水 大さじ1
　麦みそ 大さじ1½
　ゆずの皮（せん切り） 適量

1　天板にオーブンシートを敷き、オリーブ油と塩を全体にまぶしつけた里いもを置く。220℃のオーブンでおいしそうな焼き色がつくまで10分ほど焼く。
2　ゆずみそドレッシングの材料を混ぜ合わせる。
3　1と水菜を2であえる。

菊の花入りの上品なくずあん仕立て。素朴な里いもが華やかに変身します
蒸し里いもの菊花あん

里いも 小4個
菊の花（ほぐす） ¼パック
米酢 少々
おろしわさび 適量
くずあん
　A ┌ 水 ½カップ
　　├ しょうゆ 大さじ1
　　└ 塩 少々
　くず粉 小さじ1

1　里いもは皮ごと柔らかくなるまで蒸し、皮をむく。
2　菊の花は米酢を加えた熱湯でさっとゆでてさっと水にとり、水気を切る。
3　くずあんをつくる。鍋にAを入れて火にかけ、沸騰したら同量の水（分量外）で溶いたくず粉を少しずつ加えてとろみをつけ、2を加える。
4　器に1を盛って3をかけ、おろしわさびをのせる。

ぬめり素材がトリオで集合。ほっとするおいしさです
里いもとなめこと海藻の混ぜごはん

米　2合
里いも　2個
（皮をむき、5mm厚さの輪切り）
油揚げ　½枚
なめこ（大粒）　½パック
薄口しょうゆ　大さじ2
めかぶ（生）　25g
三つ葉（適当に切る）　適量
ゆずの皮（せん切り）　適量

1　米は普通に水加減し、里いもを加えて普通に炊く。
2　油揚げは熱湯をさっとかけて油抜きし、せん切りにする。
3　鍋に2となめこを入れ、薄口しょうゆを加えてさっと煮る。めかぶを混ぜる。
4　ごはんが炊けたら3を汁ごと加え混ぜる。器に盛り、三つ葉とゆずの皮を散らす。

栄養満点でいて、やさしい味わい。あっさりと食べられます

白菜のけんちん春巻

木綿豆腐 ¼丁
A ┌ 白菜（3〜4cm長さのせん切り） 1枚
　├ 大根、にんじん（各せん切り） 各3cm
　└ 生しいたけ（せん切り） 2枚
ごま油 小さじ2
B ┌ しょうゆ 小さじ2
　└ 塩 少々
くず粉 小さじ1
春巻の皮 6枚
水溶き小麦粉、油 各適量
たれ
　酢、しょうゆ 各大さじ1
　水 小さじ1　しょうが汁 小さじ½
　粉唐辛子 少々

1　鍋に湯を沸かし、豆腐をくずし入れる。ふたたび沸騰したらざるに上げ、皿で10分ほど重しをして水気を切る。
2　フライパンにごま油を熱し、1とAを炒める。Bで下味をつけ、同量の水（分量外）で溶いたくず粉を加える。6等分する。
3　春巻の皮に2を1個分ずつのせて包み、水溶き小麦粉でとめる。
4　天板にオーブンシートを敷いて3をのせる。
油をふりかけて全体にまぶしつけ、200℃のオーブンでおいしそうな焼き色がつくまで10分ほど焼く
（少し多めの油を入れたフライパンで焼いてもいい）。
5　適宜に切って器に盛る。たれの材料を混ぜ合わせて添える。

切干大根でうまみをアップ。酸味がきいた、食がすすむおそうざい
白菜と切干大根のラーパーツァイ

切干大根　ひとつかみ
しょうが（せん切り）　1かけ
ごま油　大さじ1
白菜（1cm幅で5cm長さに切る）　3枚
にんじん（せん切り）　3cm
A ┌ 米酢　大さじ2
　├ 塩　小さじ½
　└ 赤唐辛子　½本
　　（種をとり、輪切り）

1　切干大根はざるに入れてさっと水をとおし、5分ほどおく。柔らかくもどったら3cm長さに切る。
2　フライパンにごま油を熱し、しょうがを炒める。いい香りがしてきたら白菜、にんじん、1を加えて炒める。
3　Aを加えてざっと混ぜ、火をとめる。

※常備菜としても活躍します。

干しきのこのうまみと梅干の酸味を白菜に吸わせます。ひと味違うエスニック風

白菜と干しきのこの梅干スープ

干しきのこ　計1/2カップ
（スライス状の干ししいたけ、
干ししめじ、干しまいたけなど）
ぬるま湯　3カップ
乾燥春雨　10g
白菜（ざく切り）　1〜2枚
梅干　大2個
塩、こしょう　各少々
香菜　適宜

1　干しきのこはぬるま湯に15分ほど漬けておく。
　春雨は熱湯に浸してもどし、水気を切って5cm長さに切る。
2　鍋に1のきのこを漬け汁ごと入れ、白菜と梅干を加えて火にかける。
　弱火で10分ほど煮たら1の春雨を加えてさらに5分ほど煮、
　塩、こしょうで味をととのえる。
3　器に盛り、好みで香菜を飾る。

砂糖を加えないことで逆に白菜の甘みがひきたちます

白菜の白あえ

木綿豆腐　1/2丁
白菜　2枚
油揚げ　1/2枚
A ┌ すりごま（白）　大さじ1
　├ 薄口しょうゆ　小さじ2
　└ 塩　少々

1　鍋に湯を沸かし、豆腐をくずし入れる。
　ふたたび沸騰したらざるに上げて水気を切る。
2　白菜は熱湯でゆでて水気を切り、3〜4cm長さの細切りにする。
　油揚げは熱湯をさっとかけて油抜きし、せん切りにする。
3　1にAを加え混ぜ、2をあえる。

淡白な白菜が一躍主役に。つけ焼きにした白菜は存在感あるおいしさです

白菜とエリンギのしょうが焼き丼

白菜（適当に切る） 2枚
エリンギ（1cm厚さの輪切り） 2本
A　しょうゆ　大さじ2
　　しょうが汁　小さじ2
小麦粉　適量
油　小さじ2
ごはん　丼2杯分

1　Aを混ぜ合わせ、白菜とエリンギを15分ほど漬ける。
2　1の水気を切り（漬け汁も残しておく）、両面に茶こしで薄く小麦粉をつける。
3　フライパンに油を熱し、2を両面こんがりと焼く。2の漬け汁を加え、フライパンをゆすってからめる。
4　器にごはんを盛り、3をのせる。

ほくほく、さっくりした口あたり。ビールにぴったりの後ひくおいしさ

長いもの竜田揚げ

長いも（乱切り） 20cm
Ⓐ　しょうゆ　大さじ2
　　五香粉　小さじ1
小麦粉　適量
揚げ焼き用の油　適量

1　Aを混ぜ合わせて長いもを入れ、長いもの向きをときどき変えながら30分ほど漬け込む。ざるに上げて水気を切る。
2　ビニール袋に1と小麦粉を入れ、ふり混ぜる。
3　フライパンに油を深さ1cmほど入れて熱し、2を入れる。きつね色に揚げ焼きする。

外と中のコントラストが新鮮。鉄板焼きの仲間にぜひ加えてください

長いも焼き

長いも（1.5cm厚さの輪切り） 12cm
レモンじょうゆ
　レモン汁　½個分
　しょうゆ　大さじ1
　粉唐辛子　少々
みそだれ
　長ねぎ（みじん切り）　大さじ1
　みそ、水　各大さじ1
　しょうゆ　小さじ1
　すりごま（白）　小さじ1

1　長いもは油をひかないホットプレートやフライパン、または網などで、両面ともおいしそうな焼き色がつくまで焼く（中は生の状態でいい）。
2　レモンじょうゆとみそだれの材料をそれぞれ混ぜ合わせて、添える。

とろろで練ったおだんごは、やさしいもちもち感です
長いものだんご汁

だんごの粉　50g
長いも　約1/4カップ
（皮をむき、すりおろす）
水　2カップ
長いも（細切り）　3cm
油揚げ（細切り）　1/2枚
しょうゆ　大さじ1　塩　小さじ1/2
岩のり、せり（適当に切る）　各適量

1　だんごの粉に長いものとろろを少しずつ加えて手でこねる。
耳たぶくらいの柔らかさになったら、好みの大きさにまるめる。
2　鍋に水と長いもを入れ、3分ほど煮たら油揚げと1も加える。
だんごが浮き上がってきたらしょうゆと塩で味をととのえる。
3　仕上げに岩のりとせりを加える。

※とろろの量は、生地の状態をみながら加減してください。
※だんごの粉は、上新粉と白玉粉をブレンドした粉です。

味が濃いめのきんぴらに淡白なとろろがからむ、バランスのいい丼
きんぴらとろろ丼

ごぼう（斜め切り）　5cm
ごま油　小さじ2
こんにゃく（細切り）　1/4枚
赤唐辛子（種をとり、輪切り）　少々
しょうゆ　大さじ2弱
炒りごま（白）　大さじ1
ごはん　丼2杯分
長いも（皮をむき、すりおろす）　1/2カップ
青じそ（せん切り）　2枚

1　きんぴらをつくる。フライパンにごま油を熱し、ごぼうを炒める。
いい香りがしてきたらこんにゃく、赤唐辛子を加えて炒め、
しょうゆで味つけして炒りごまをふる。
2　器にごはんを盛り、1をのせる。
長いものとろろをかけ、青じそをのせる。

※残ったきんぴらの活用法としてもおすすめの一品です。

とろろと塩だけで練り上げる、まっ白の可憐な豆腐。やさしい甘みが広がります

長いも豆腐

長いも　1½カップ
（皮をむき、すりおろす）
塩　少々
おろしわさび、しょうゆ　各適量

1　厚手の鍋に長いものとろろと塩を入れ、弱火にかける。
木べらで底から混ぜながら、つやが出てねっとりするまで5〜10分練る。
2　1を流し缶（14.5cm×11cmのものを使用）に流し入れて冷やし固める。
3　適宜に切って器に盛り、おろしわさびをのせる。しょうゆを添えていただく。

※流し缶は適当な型・容器で代用してもかまいません。
※このお料理のように、とろろの白い色を生かしたい場合には、長いもは皮をむいて使っています。
残った皮は素揚げまたは200〜220℃のオーブンで焼いて塩をまぶすと、
おつまみやスナックに最適なチップスとして楽しめます。

卵白のかわりにとろろを加えたかぶら蒸し。ふんわり柔らかなおいしさです

精進かぶら蒸し

おつゆ麩 6個
しょうゆ 少々
かぶ（皮をむき、すりおろす） 2個
長いも（皮をむき、すりおろす） 2cm
塩 少々
甘栗 4個
しめじ（適当にさく） 1/6パック
くずあん
　水 1/2カップ　しょうゆ 小さじ2
　くず粉 小さじ1
おろしわさび 適量

1　麩はぬるま湯に浸してもどし、水気を軽く絞ってしょうゆで下味をつける。
2　かぶは水気を軽く絞り、長いものとろろと混ぜ、塩を加える。
3　器に1と甘栗、しめじを入れ、2をふんわりとのせる。
強めの中火で12分ほど蒸す。
4　くずあんをつくる。鍋に水としょうゆを入れて火にかけ、
沸騰したら同量の水（分量外）で溶いたくず粉を
少しずつ加えてとろみをつける。3にかけ、おろしわさびをのせる。

※とり合わせる具はほかにも好みのものでかまいません。

焼いて甘みをひき出したかぶと、甘酸っぱいトマトソースが好相性

かぶのグリル 中近東風

かぶ(乱切り) 4個
A ┌ オリーブ油 大さじ1
  │ コリアンダーパウダー 小さじ1
  │ オールスパイスパウダー 少々
  └ 塩、こしょう 各少々
トマトソース
　にんにく(みじん切り) 1かけ
　オリーブ油 小さじ2
　トマト(ざく切り) 2個
　塩 少々

1 Aを混ぜ合わせ、かぶにまぶしつける。オーブンシートを敷いた天板にのせ、220℃のオーブンでおいしそうな焼き色がつくまで7〜8分焼く。
2 トマトソースをつくる。フライパンにオリーブ油とにんにくを入れ、弱火でじっくりと熱する。いい香りがしてきたらトマトを加え、10分ほど煮て塩で味をととのえる。
3 2で1をあえる。

味が濃い焼きかぶならではの、シンプルな味つけです

焼きかぶのごまあえ

かぶ（縦に12等分する） 1個
かぶの葉 1個分
塩、しょうゆ 各少々
油揚げ 1/2枚
A ┌ すりごま（白） 大さじ2
  │ しょうゆ 大さじ1
  │ しょうが汁 小さじ2
  └ 水 小さじ1

1 かぶは塩をまぶしつけ、油をひかないフライパン（フッ素樹脂加工のものが向く）などで両面をおいしそうな焼き色がつくまで焼く。
2 かぶの葉は、塩を加えた熱湯でさっとゆでてさっと冷水にとり、水気を切る。しょうゆ少々をふって軽く絞り、3cm長さに切る。
3 油揚げは熱湯をさっとかけて油抜きし、油をひかないフライパンで軽く焦げめがつくまで焼く。短冊切りにする。
4 Aを混ぜ合わせ、1、2、3を加える。かぶをくずさないように手であえる。
※焼きかぶはみそ汁やサラダなどに加えてもおいしい。その焼き色もごちそうです。

かぶをすりおろして加えると、独特のやさしい甘みと舌ざわりが生まれます

かぶのみぞれ汁

ごぼう（ささがき） 5cm
ごま油 小さじ1
水 2カップ
なめこ 1/6パック
かぶ（すりおろす） 1個
しょうゆ 大さじ1
塩 小さじ1/2
三つ葉（適当に切る） 適量

1 鍋にごま油を熱してごぼうを炒める。いい香りがしてきたら水を加え、ごぼうが柔らかくなるまで5分ほど煮る。
2 なめこを加え、沸騰したらかぶを加える。ふたたび沸騰したらしょうゆ、塩で味をととのえ、三つ葉を散らす。

火を使わずにつくれる即席カレー風。ごはんにかけても合います

かぶのカレーマリネ

かぶ（縦に12等分する）　2個
塩　少々
マリネ液
　カレー粉　小さじ2
　マスタード　小さじ1
　塩　小さじ1/2
　甘酒（無加糖のもの）　大さじ2
　油　大さじ2　米酢　大さじ1
　薄口しょうゆ　小さじ1

1　かぶは塩をまぶしつけてしんなりさせる。
2　マリネ液の材料を混ぜ合わせる。
3　1の水気を絞り、2に漬ける。2～3時間後からが食べごろ。

※ほかにも大根、にんじん、きゅうり、キャベツ、長いも、セロリなど、好みの野菜でつくれます。いくつかの野菜をとり合わせても楽しい。

納豆とじゃがいもは相性ぴったり。形を変えても楽しめます

納豆とじゃがいものお焼き

じゃがいも 3個
玉ねぎ（みじん切り） 1/2個
油 小さじ2
生しいたけ（みじん切り） 5枚
納豆 100g（2パック）
A ┌ しょうゆ 大さじ1
　├ 塩 小さじ1/2
　└ こしょう 少々
小麦粉 1/3カップ
麩（細かく砕く） 1/2カップ
油 適量
練り辛子、しょうゆ 各適量

1 じゃがいもは水からゆでてつぶす。
2 フライパンに油を熱し、玉ねぎを少し色づくまで弱火でじっくりと炒める。しいたけ、納豆を順に加えてさらに炒め、Aで下味をつける。
3 1に2、小麦粉、麩を順に加え混ぜる。6等分し、手に油をつけてお焼きの形にととのえる。
4 フライパン（フッ素樹脂加工のものが向く）に油を熱し、3を両面こんがりと焼く。練り辛子としょうゆを添える。
※ローフ形にしてオーブンで焼くと、P.91でご紹介しているようなベジミートローフになります。

豆腐と納豆という親せき同士の組合せ。納豆を加えることで風味も満足感もアップします

納豆のがんも

木綿豆腐 1丁
長いも（すりおろす） 大さじ2
納豆 50g（1パック）
A｛ 小麦粉 大さじ2
　　 炒りごま（黒） 小さじ1
ゆでたぎんなん 2個
揚げ焼き用の油 適量
大根（すりおろす） 適量
しょうゆ 適量

1　鍋に湯を沸かし、豆腐をくずし入れる。ふたたび沸騰したらざるに上げ、皿で20分ほど重しをしてしっかり水気を切る。
2　1の豆腐をそのままざるで裏漉ししてボウルに入れ、長いものとろろ、納豆、Aを順に加え混ぜる。
2等分して平たいがんもの形にととのえ、まん中にぎんなんをのせる。
3　フライパンに油を深さ3cmほど入れて熱し、2を入れて上下を返しながらきつね色に揚げ焼きする。大根おろしとしょうゆを添える。

※豆腐の水切りをしっかりすることがポイントです。

オーブンですぐにつくれるすぐれもの。食べすぎ注意！のやみつきの味
即席干し納豆

納豆（小粒） 1/2カップ
塩 小さじ1弱（好みで加減）
上新粉 適量

1 納豆に塩と上新粉を順にまぶしつける。
2 天板にオーブンシートを敷き、1をのせて重ならないように広げる。低温のオーブン（130℃くらい）でカリッとするまで30分ほど乾燥焼きする。

※そのままおつまみにするのはもちろん、サラダに加えたり、お茶漬けのもとやふりかけにしてもおいしい。
意外にクッキーやケーキ、パン生地に入れても合います。

栄養たっぷり。からだがぽかぽかに温まります
納豆と根菜のごま汁

A ┌ ごぼう（ささがき） 1/6本
  │ 大根（いちょう切り） 3cm
  │ 里いも 1個
  └ （皮をむき、5mm厚さの半月切り）
ごま油 小さじ1
水 2 1/2カップ
豆みそ 大さじ2
納豆（細かくたたく） 50g（1パック）
すりごま（白） 大さじ1
万能ねぎ（小口切り） 適量
七味唐辛子 適宜

1 鍋にごま油を熱し、Aを炒める。水を加え、野菜が柔らかくなるまで10分ほど煮る。
2 豆みそで味をととのえ、納豆とすりごまを加える。器に盛って万能ねぎを散らし、好みで七味唐辛子をふる。

納豆のぬめりやクセが消え、コクは際立ちます。黒こしょうが抜群に合います

納豆の炊き込みピラフ

玉ねぎ(みじん切り) 1/2個
オリーブ油 小さじ2
マッシュルーム(適当に切る) 5個
納豆(大粒) 100g(2パック)
米(洗ってざるに上げておく) 2カップ
しょうゆ 大さじ1
塩 小さじ1/2 こしょう 少々
水 2カップ
黒粒こしょう(砕く) 6粒
イタリアンパセリ 適宜

1 フライパンにオリーブ油を熱し、玉ねぎを弱火でじっくりと炒める。少し色づいてきたらマッシュルーム、納豆、米を順に加えてさらに炒め、しょうゆ、塩、こしょうで味つけする。
2 炊飯器に1を入れ、水を加えて普通に炊く。
3 器に盛って砕いた黒粒こしょうをふり、好みでイタリアンパセリを飾る。

ひじきのソムタム　　ひじきとゆで大豆のそば粉かき揚げ

ひじきとトマトのリゾット　ひじきのしそぎょうざ

さわやかな辛みがきいたタイ風あえもの。ひじきがたっぷり食べられます

ひじきのソムタム

乾燥長ひじき(もどしたもの) 1カップ
A ┌ 薄口しょうゆ、水 各大さじ1
　├ レモン汁 小さじ2
　├ 米酢 小さじ1
　├ 塩 少々
　└ 青唐辛子(小口切り) 2～3本
香菜 適宜

1 鍋に水½カップとしょうゆ大さじ1弱(ともに分量外)を入れて沸騰させ、もどした長ひじきを入れる。ひと煮たちさせて冷まし、水気を切る。4～5cm長さに切る。
2 Aの材料を混ぜ合わせ、1をあえる。器に盛り、好みで香菜を飾る。
※青唐辛子がない場合は赤唐辛子で代用してください。

そば粉を使うと、カリッとしたかき揚げに。ひじきの風味をひきたてます

ひじきとゆで大豆のそば粉かき揚げ

乾燥長ひじき(もどしたもの) ⅓カップ
ゆでた大豆 ½カップ
新しょうが(せん切り) 2かけ
小麦粉 少々
A ┌ そば粉、冷水 各大さじ4
　└ 塩 少々
揚げ焼き用の油 適量
しょうゆ 適量

1 長ひじきは3～4cm長さに切ってボウルに入れ、ゆで大豆、新しょうがを加える。小麦粉を茶こしでふって全体にまぶす。
2 別のボウルにAを入れてさっくりと混ぜ、1を加え混ぜる。
3 フライパンに油を深さ1cmほど入れて熱し、2をひと口大に落とし入れてきつね色に揚げ焼きする。しょうゆを添えていただく。
※ゆで大豆は市販品を利用してかまいません。

精進版"海の幸のリゾット"。磯の香りとトマトの甘みがよく合う、クセになる味

ひじきとトマトのリゾット

にんにく(みじん切り) 1かけ
オリーブ油 大さじ1
玉ねぎ(みじん切り) ¼個
乾燥芽ひじき(もどしたもの) ⅓カップ
米(洗ってざるに上げておく) ½カップ
A ┌ トマト(ざく切り) 1½個
　├ 水 1カップ
　└ 白ワイン ½カップ
塩 小さじ1
しょうゆ 少々
パセリ(みじん切り) 適量

1 鍋にオリーブ油とにんにくを入れ、弱火でじっくりと熱する。いい香りがしてきたら玉ねぎを加えて少し色づくまで炒め、芽ひじき、米を加えてさらに炒める。
2 米が透きとおってきたらAを加え、ときどきかき混ぜながら米がアルデンテの状態(中心にやや芯が残る程度の柔らかさ)になるまで弱火で10分ほど煮る。塩で味をととのえ、隠し味にしょうゆを加える。
3 器に盛り、パセリを散らす。

ひじきをたっぷり包んだぎょうざ。青じそとごまの香りが食欲をそそります

ひじきのしそぎょうざ

乾燥芽ひじき(もどしたもの) 1カップ
A ┌ 万能ねぎ(小口切り) 5本
　├ すりごま(白) 大さじ1
　├ ごま油 小さじ1
　└ しょうゆ、塩 各少々
ぎょうざの皮 20枚(1袋)
青じそ(半分に切る) 10枚
ごま油 適量
酢じょうゆ 適量

1 鍋に水½カップとしょうゆ大さじ1弱(ともに分量外)を入れて沸騰させ、もどした芽ひじきを入れる。ひと煮たちさせて冷まし、水気を切る。
2 ボウルに1とAを入れて混ぜ合わせる。20等分する。
3 ぎょうざの皮の周囲に水を塗り、青じそを置く。2を1個分ずつのせて包む。
4 フライパンにごま油を熱し、3を並べて焼く。ぎょうざの底面が少し色づいたら水(分量外)をぎょうざの高さの半分くらいまで入れてふたをし、中火で蒸し焼きにする。水がほとんどなくなったらふたをとり、こんがりきつね色に焼き上げる。酢じょうゆでいただく。

高野豆腐の磯カツ 　　高野豆腐のずんだあえ

炒り高野豆腐　　高野豆腐の炊き込みずし

青のりの香りがアクセント。鶏肉のようなしっかりした味わいとかみごたえです

高野豆腐の磯カツ

高野豆腐 4枚
A ┌ 水 1カップ
　│ しょうゆ 大さじ1
　└ しょうが(薄切り) 2枚
長いも(すりおろす) 適量
青のり、小麦粉 各適量
麩(細かく砕く) 適量
揚げ焼き用の油 適量

1 高野豆腐は熱湯に浸してもどし、水気を絞ってそれぞれ半分にそぎ切りにする。
2 鍋にAを入れて煮たて、1を加えて汁気がほとんどなくなるまで中火で煮る。
3 長いものとろろに青のりを混ぜる。
4 2に小麦粉、3、砕いた麩の順に衣をつける。
5 フライパンに油を深さ1cmほど入れて熱し、4を入れる。きつね色に揚げ焼きする。

※この本では、「高野豆腐といちごのソフトビスケット(P.94)」を除き、重曹を加えていない高野豆腐を使っています。

枝豆の甘みとコクがすんなり調和。豆つながりの組合せです

高野豆腐のずんだあえ

高野豆腐 2枚
白いこんにゃく 1/4枚
A ┌ しめじ(適当にさく) 1/4パック
　│ 水 3/4カップ
　└ 薄口しょうゆ 大さじ1
枝豆 1/2カップ
(塩ゆでしてさやから出したもの)
B ┌ すりごま(白) 大さじ1
　└ 白みそ 大さじ1 塩 少々

1 高野豆腐は熱湯に浸してもどし、水気を絞って1.5cm角に切る。こんにゃくは1.5cm角に切り、熱湯でさっとゆでて水気を切る。
2 鍋に1とAを入れ、汁気がほとんどなくなるまで中火で煮る。
3 枝豆は粗くつぶし、Bを加え混ぜる。
4 3で2をあえる。

高野豆腐をすりおろして加えると、あっという間に炒り豆腐ができます

炒り高野豆腐

ごぼう(ささがき) 3cm
ごま油 小さじ2
A ┌ にんじん(薄いいちょう切り) 3cm
　│ さやいんげん(斜め切り) 6本
　│ 生しいたけ(薄切り) 3枚
　└ きくらげ(もどして細切り) 3枚
水 1 1/2カップ
B ┌ 高野豆腐(すりおろす) 2～3枚
　└ しょうゆ 大さじ2
万能ねぎ(小口切り) 適量

1 鍋にごま油を熱し、ごぼうを炒める。いい香りがしてきたらAを加えてさらに炒め、水を加えて野菜が柔らかくなるまで8分ほど煮る。
2 1にBを加え、木べらで混ぜながら汁気がほとんどなくなるまで煮る。仕上げに万能ねぎを散らす。

炊飯器でつくれるかんたんずし。炊き込んでも意外に酸味は消えません

高野豆腐の炊き込みずし

高野豆腐 2枚
さつまいも(1cm角切り) 5cm
干ししいたけ 1枚
(もどして1cm角切り)
油 小さじ1
A ┌ 米 2合
　│ (洗ってざるに上げておく)
　│ 酢 1/4カップ 塩 小さじ1
　└ 薄口しょうゆ 少々
絹さや 適量
(さっと塩ゆでして適当に切る)

1 高野豆腐は熱湯に浸してもどし、水気を絞って1cm角に切る。
2 フライパンに油を熱し、1とさつまいも、しいたけを炒める。
3 炊飯器にAを入れ、2合の目盛りまで水(分量外)を入れる。2を加えて普通に炊く。
4 器に盛り、絹さやを飾る。

かんぴょうの照り焼き　　かんぴょうのハヤシライス風

かんぴょうのチャプチェ　　かんぴょうの長いも巻きグリル

ベーコンにも似た甘みと食感。クセになる不思議なおいしさ

かんぴょうの照り焼き

かんぴょう 1/4袋
A[　しょうゆ 大さじ2弱
　　しょうが(薄切り) 2枚]
小麦粉 適量
ごま油 小さじ2

1 かんぴょうは洗い、7～8分ゆでてもどす。
もどし汁を1/2カップ分(分量外)とり分けて水気を切り、5cm長さに切る。
2 鍋に1のかんぴょうともどし汁1/2カップ、Aを入れ、
汁気が少なくなるまで煮る(煮汁は残しておく)。
3 2のかんぴょうをバットに並べ、両面に茶こしで薄く小麦粉をつける。
4 フライパンにごま油を熱して3を両面こんがりと焼き、2の煮汁をからめる。

※かんぴょうは、ウリ科の植物である夕顔の果肉をひも状にむいて乾燥させたもの。
甘い香りと風味、独特な歯ごたえが特徴で、カルシウムや食物繊維などがたっぷり含まれています。
お料理にもっと登場させたい素材のひとつ。この本では無漂白のかんぴょうを使っています。

かんぴょうの肉っぽい"繊維感"を生かしてハヤシライス風に。驚くほど合います

かんぴょうのハヤシライス風

かんぴょう 1袋
しょうゆ 少々
小麦粉 適量
にんにく(みじん切り) 1かけ
オリーブ油 大さじ1
玉ねぎ(せん切り) 1/2個
マッシュルーム(薄切り) 8個
A[　トマト(ざく切り) 1個
　　しょうゆ 大さじ2弱
　　豆みそ 大さじ1]
ゆでたグリーンピース 1/4カップ
塩、こしょう 各少々
ごはん 適量

1 かんぴょうは洗い、7～8分ゆでてもどす。
もどし汁を1/2カップ分(分量外)とり分けて水気を切り、5cm長さに切る。
2 1のかんぴょうにしょうゆをまぶしつけてバットに並べ、
両面に茶こしで薄く小麦粉をつける。
3 フライパンにオリーブ油とにんにくを入れ、弱火でじっくりと熱する。
いい香りがしてきたら玉ねぎを加え、少し色づくまで炒める。
4 3に2とマッシュルームを加えてさらに炒め、1のもどし汁1/2カップとAを加えて
5～6分煮る。仕上げにグリーンピースを加え、塩、こしょうで味をととのえる。
5 器にごはんを盛り、4をかける。

干し野菜ならではの甘みとコクがひきたつ、韓国風炒めあえ

かんぴょうのチャプチェ

かんぴょう 1/2袋
乾燥春雨 10g
A[　長ねぎ(みじん切り) 小さじ1
　　にんにく(すりおろす) 少々
　　すりごま(白) 小さじ1
　　薄口しょうゆ 大さじ1]
ごま油 小さじ3
薄口しょうゆ 大さじ1
きゅうり(せん切り) 1本
B[　すりごま(白) 小さじ1　塩 少々]

1 かんぴょうは洗い、7～8分ゆでてもどす。
もどし汁を1/4カップ分(分量外)とり分けて水気を切り、5cm長さに切る。
春雨は熱湯に浸してもどし、水気を切って5cm長さに切る。
2 フライパンにごま油小さじ1を熱し、1のかんぴょうともどし汁1/4カップ、
Aを入れる。汁気がなくなるまで炒め煮してとり出す。
3 2のフライパンにふたたびごま油小さじ1を熱し、
1の春雨と薄口しょうゆを入れて炒め、とり出す。
4 3のフライパンにふたたびごま油小さじ1を熱し、
きゅうりを炒めてBで味つけする。
5 ボウルに2、3、4を入れて混ぜ合わせる。

ひも状の形を生かした一品。かみしめるほどに味わいが増します

かんぴょうの長いも巻きグリル

かんぴょう 適量
長いも 10cm
A[　カレー粉 小さじ1/2
　　塩 小さじ1/2
　　オリーブ油 大さじ1]
水溶き小麦粉 適量

1 かんぴょうは洗い、7～8分ゆでてもどす。水気を切り、約15cm長さに16本カットする。
2 長いもは横半分に切ってそれぞれ縦に8等分し、16本にする。
3 Aを混ぜ合わせ、1と2にまぶしつける。
長いもにかんぴょうを巻きつけ、水溶き小麦粉でとめる。
4 天板にオーブンシートを敷き、3を並べる。
200℃のオーブンでおいしそうな焼き色がつくまで7～8分焼く。

おいしさ広がる
めん、パン、おやつのメニュー

菜菜ごはんの守備範囲は、ごはんに合うおそうざいに限りません。みんな大好きなパスタやそば、ラーメンも、どこかに持って出かけたくなるサンドイッチも、心もおなかも満たされるスイーツだって、もちろんおまかせ。菜菜ごはんの楽しさは、どこまでも広がります。

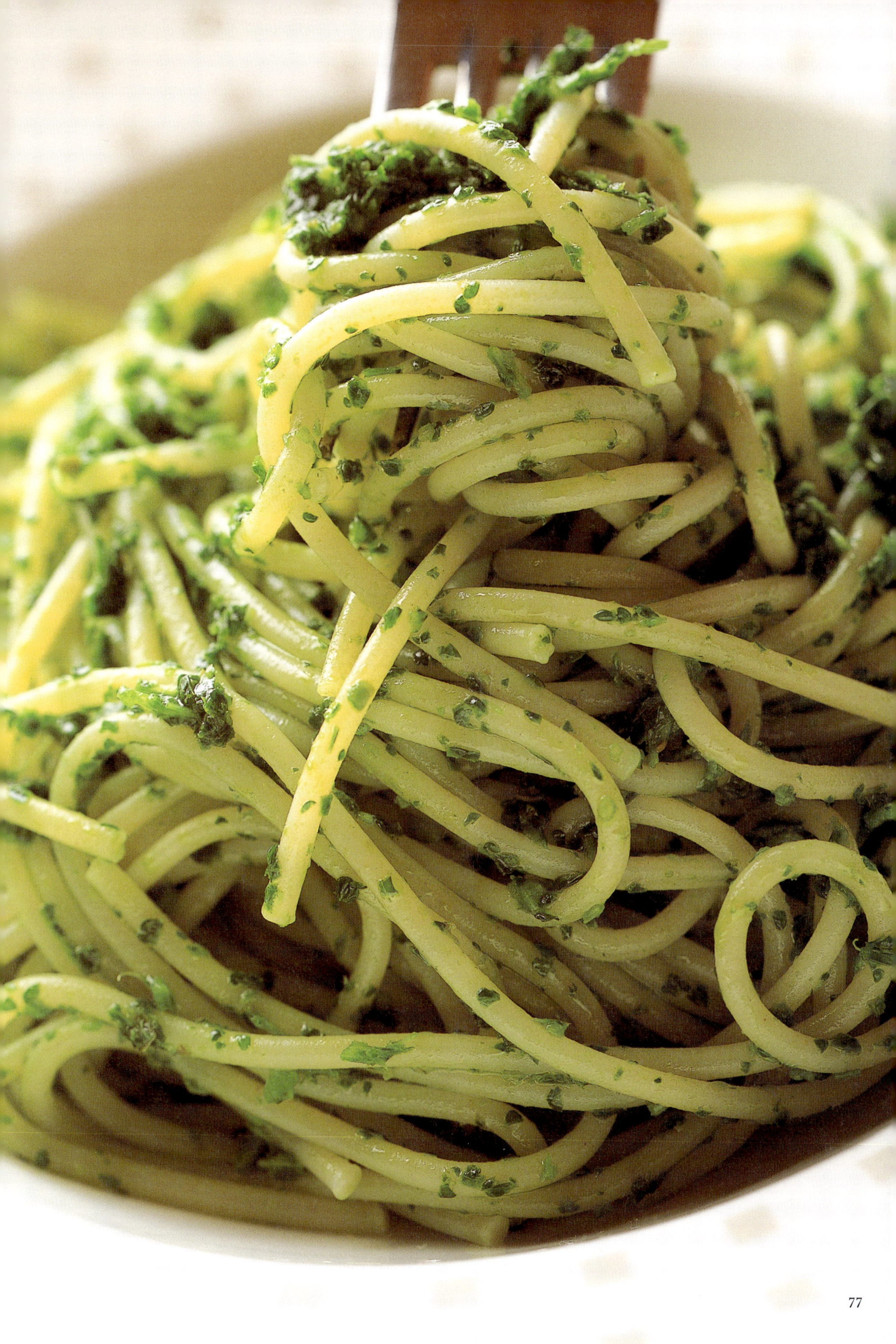

めんのメニュー

だしいらずのつけだれ

香り、コク、とろみのある素材をじょうずに使えば、
だしをとらなくても、おいしいつけだれが
あっという間にでき上がります。そばにも、うどんにも、
そうめんにも合う万能つけだれです。

そば、そうめん、うどんは適宜ゆでて
ざるにとり、冷水で洗ってぬめりをと
る。水気を切って器に盛り、好みの
つけだれ（右頁）につけていただく。

とろみ野菜 (上左)

モロヘイヤ1/2束、オクラ5本は、塩を加えた熱湯でさっとゆでてさっと冷水にとり、水気を切って適当に切る。しょうゆ大さじ3、米酢小さじ1、水1/2カップ、粉唐辛子少々とともにミキサーまたはフードプロセッサーにかけてなめらかにする。

ごまみそ (上右)

みそ、練りごま(白)各大さじ3、しょうゆ大さじ1、水1/2カップ、長ねぎのみじん切り大さじ1をよく混ぜ合わせる。

ごぼう (下左)

鍋にごま油小さじ2を熱し、ごぼう(ささがき)1/2本を炒める。いい香りがしてきたら油揚げ(せん切り)1/2枚、しょうゆ大さじ3、水1/2カップを加え、沸騰したら1～2分煮て火をとめ、冷ます。好みで万能ねぎの小口切りや七味唐辛子を加える。

豆乳 (下右)

豆乳1/2カップ、すりごま(白)大さじ2、薄口しょうゆ大さじ1強、塩小さじ1/2、ラー油少々をよく混ぜ合わせる。

ひと味違う 焼きうどんと焼きそば

おなじみメニューを新鮮な仕立てで。
どちらも野菜の持ち味が光る、シンプルでいてクセになる味わいです。

素材の個性がストレートに伝わる塩味。ごまとレモンがアクセント

香り野菜の焼きうどん

木綿豆腐 1/2丁
セロリ(斜め切り) 1/2本
クレソン(ざく切り) 1/2束
ごま油 大さじ1
ゆでうどん 2玉
塩 小さじ1
炒りごま(白) 大さじ2
レモン(くし形切り) 適量

1 鍋に湯を沸かし、豆腐をくずし入れる。ふたたび沸騰したらざるに上げ、皿で10分ほど重しをして水気を切る。
2 フライパン(フッ素樹脂加工のものが向く)にごま油を熱し、1とセロリ、クレソンを炒める。うどんを加えてさらに炒め、塩で味をととのえる。
3 器に盛って炒りごまをふり、レモンを添える。

白髪ねぎをたっぷり添えた、和風アーリオオーリオペペロンチーノ

ねぎのしょうゆ焼きそば

蒸し中華めん　2玉
長ねぎ(白い部分)　1/2本
にんにく(みじん切り)　2かけ
ごま油　大さじ1強
赤唐辛子　1本(好みで加減)
　(種をとり、輪切り)
しょうゆ　大さじ2
塩　少々

1　中華めんはざるに入れ、水または湯をかけてほぐし、水気を切る。長ねぎはせん切りにし、水にさっとさらして水気を切る。
2　フライパン(フッ素樹脂加工のものが向く)にごま油とにんにくを入れ、弱火でじっくりと熱する。いい香りがしてきたら1のめんと赤唐辛子を加えて炒め、しょうゆ、塩で味をととのえる。
3　器に盛り、1の白髪ねぎを飾る。

精進ラーメン

豚骨も鶏ガラも必要なし。動物性素材をいっさい使わずに、
おいしいラーメンがつくれます。ポイントは、香味野菜をごま油でじっくりと炒めること。
じんわり深く、かつすっきりとした味わいです。

玉ねぎの甘みとコクが、おいしいスープのベースです
しょうゆラーメン

しょうが（みじん切り） 1かけ
ごま油 大さじ1強
玉ねぎ（薄切り） 1/2個
水 4カップ
ちんげん菜 1株
（縦に4等分する）
しょうゆ 大さじ4
塩 小さじ1/2
生中華めん 2玉
生ゆば（細切り） 適量
こしょう、ラー油 各適宜

1 鍋にごま油としょうがを入れ、弱火で
じっくりと熱する。いい香りがしてきたら
玉ねぎを加えて少し色づくまで炒める。
2 1に水を加え、沸騰したらちんげん菜を加える。
ちんげん菜が柔らかくなったら、
しょうゆ、塩で味をととのえる。
3 中華めんをゆでて水気を切り、器に入れる。
2のスープを流し入れ、生ゆばと2のちんげん菜を飾る。
好みでこしょうをふり、ラー油をたらす。

炒めたたくさんの素材が、そのままだしの役目をはたします
みそラーメン

A ┌ 長ねぎ（みじん切り） 1/2本
　│ しょうが（みじん切り） 2かけ
　│ にんにく（みじん切り） 1かけ
　└ 赤唐辛子（種をとり、輪切り） 少々
ごま油　大さじ2
B ┌ キャベツ（適当に切る） 2枚
　└ もやし 1/4袋　しめじ（適当にさく） 1/4袋
水　4カップ
C ┌ みそ　大さじ4〜6（好みで加減）
　└ すりごま（白）　大さじ2　塩、こしょう　各少々
生中華めん　2玉　万能ねぎ（小口切り）　適量

1　鍋にごま油とAを入れ、弱火でじっくりと熱する。いい香りがしてきたらBを加えてさっと炒める。
2　1に水を加え、沸騰したらCで味をととのえる。
3　中華めんをゆでて水気を切り、器に入れる。2を流し入れ、万能ねぎを散らす。

めん　83

満足パスタ

ボリュームたっぷり、栄養たっぷり。ひと皿で満たされる、
個性豊かな選りぬきの4品をご紹介します。

みそ＋野菜＋パスタは好相性。食がすすむ味

和風みそスパゲティ

厚揚げ　1/2枚
にんにく（みじん切り）　1かけ
しょうが（みじん切り）　1かけ
オリーブ油　大さじ1
A ┌ ピーマン　2個
　│ （緑。種とへたをとり、縦に8等分する）
　└ もやし　1/2袋
B ┌ みそ　大さじ2（好みで加減）
　│ 塩　少々
　└ 粉唐辛子（好みで）　少々
スパゲティ　200g

1　厚揚げは熱湯をさっとかけて油抜きし、1.5cm角に切る。
2　フライパンにオリーブ油とにんにく、しょうがを入れ、弱火でじっくりと熱する。いい香りがしてきたら1とAを加えてさっと炒め、Bで味つけする。
3　スパゲティは塩少々（分量外）を加えた熱湯で表示よりも1分ほど短くゆでる。水気を切って（ゆで汁は少し残しておく）2に加え、からめながら炒める。汁気がたりなければゆで汁を加え、味見をして薄ければ、塩を適宜加える。

※野菜はほかにも好みのものでOK。おみそ汁の具の感覚で自由に選んでください。

トマトの甘みがきいています。見ためも味もまさに「ミートソース」

ベジミートソーススパゲティ

にんにく(みじん切り) 1かけ
オリーブ油 大さじ1
Ⓐ ┌ 玉ねぎ(みじん切り) 1/4個
  │ 生しいたけ(みじん切り) 6枚
  └ 赤唐辛子(種をとり、輪切り) 1/4本
トマト(ざく切り) 大2個
Ⓑ ┌ ゆでた大豆(粗みじん切り) 1/4カップ
  └ くるみ(粗みじん切り) 大さじ2
塩 小さじ1弱
みそ、しょうゆ、こしょう 各少々
スパゲティ 200g　パセリ(みじん切り) 適量

1 フライパンにオリーブ油とにんにくを入れ、弱火でじっくりと熱する。いい香りがしてきたらAを加えて炒める。
2 トマトを加えて弱火で7〜8分煮、Bを加えてさらに1〜2分煮る。塩で味をととのえ、隠し味にみそ、しょうゆ、こしょうを加える。
3 スパゲティは塩少々(分量外)を加えた熱湯で表示よりも1分ほど短くゆでる。水気を切って(ゆで汁は少し残しておく)2に加え、からめながら炒める。汁気がたりなければゆで汁を加え、味見をして薄ければ、塩を適宜加える。
4 器に盛り、パセリを散らす。

※ゆで大豆は市販品を利用してかまいません。
また、トマトはホールトマト1/2缶でも代用できます。

ブルーベリーとしょうゆが不思議にマッチ。さわやかでコクがある冷製パスタ

海藻とブルーベリーのサラダスパゲティ

乾燥海藻ミックス 適量
スパゲティ 200g
A ┌ ブルーベリー（生） 1カップ
  │ オリーブ油 大さじ2
  │ しょうゆ 大さじ1
  └ 米酢 小さじ2 塩 少々
ベビーリーフミックス 1/2パック
（適当にちぎる）
青じそ（せん切り） 2枚

1 乾燥海藻ミックスは水に浸してもどし、水気を切る。
2 スパゲティは塩少々（分量外）を加えた熱湯で表示どおりにゆでてざるに上げ、氷水に浸して冷やし、水気を切る。
3 ボウルにAを入れてブルーベリーをフォークでつぶし、2をあえる。1とベビーリーフも加え混ぜて器に盛り、青じそを飾る。

※「長ねぎの2色フルーツピクルス」（P.44）でもご紹介しているように、甘酸っぱいフルーツは調味料的に使えます。
ブルーベリーのかわりにいちごを加えてもおいしい。

パセリをバジルペースト風に。ゆずこしょうがパセリのクセをほどよく和らげます

パセリペーストのスパゲティ

A
- パセリ 2袋　オリーブ油 大さじ4
- レモン汁 大さじ1
- ゆずこしょう 小さじ2（好みで加減）
- 塩 少々

スパゲティ 200g

1　Aをミキサーまたはフードプロセッサーにかけてなめらかにする。
2　スパゲティは塩少々（分量外）を加えた熱湯で表示どおりにゆで、水気を切る（ゆで汁は少し残しておく）。1の適量であえ、汁気がたりなければゆで汁を加えてととのえる。

※パセリペーストの分量は多めです（4〜6人分）。
小分けして冷凍しておくと、使いやすい。

パンのメニュー

ごま　じゃがいも

赤ピーマン　豆腐

パンにスプレッド

ごまやナッツのコク、スパイスの香り、
ほのかな酸味などをポイントにした、
風味豊かなスプレッドたち。これさえあれば、
パンにひと塗りするだけで、充実した
朝食やヘルシーなおつまみの完成です。

ごま

練りごま(白)1/3カップ、水大さじ2、オリーブ油、油、白ワインビネガー、
レモン汁各大さじ1、クミンパウダー小さじ1弱、塩小さじ1/2、にんにくのすりおろし、
粉唐辛子各少々をよく混ぜ合わせる。

じゃがいも

じゃがいも2個は蒸し煮し(P.9)、つぶす。練りごま(黒)、オリーブ油各大さじ1、レモン汁小さじ1、
塩小さじ1弱、にんにくのすりおろし、こしょう各少々を加え混ぜる。

赤ピーマン

赤ピーマン4個は網や200〜220℃のオーブンまたはオーブントースターなどで
焦げめがつくまで焼き、熱いうちに薄皮をむいて種とへたをとる。
ドライトマト(細かく刻む)2〜3個、オリーブ油大さじ2、赤ワインビネガー小さじ2、塩小さじ1/2とともに
ミキサーまたはフードプロセッサーにかけてなめらかにする。

豆腐

鍋に湯を沸かし、木綿豆腐1/2丁をくずし入れる。ふたたび沸騰したらざるに上げ、
皿で10分ほど重しをして水気を切る。オリーブ油大さじ2、米酢小さじ1とともにミキサーまたは
フードプロセッサーにかけてなめらかにし、くるみの粗みじん切り大さじ1強、
芽ねぎまたは万能ねぎのみじん切り適量、塩小さじ1/2を加え混ぜる。

ベジミートサンドイッチ

肉や卵を挟まなくても、満足感あふれる楽しいサンドイッチがつくれます。
ここでは、単品で使えばごはんのおかずとしても活躍する、
4つの具をご紹介。ちなみにパンは、自然な甘みと酸味がある
天然酵母のものを使うと、おいしさもひとしおです。

にんじんローフ、きのこローフを適宜に切り、ベビーリーフなどと
一緒に好みのパンに挟む。粒マスタードを塗ってもいい。
パンは、しっかりした味わいとかみごたえがある、
パン・ド・カンパーニュがおすすめ。
左から「にんじんローフ」のサンドイッチ、「きのこローフ」のサンドイッチ

にんじんのほんのりした甘みが広がる、やさしい味わい
にんじんローフ

しょうが（みじん切り） 1かけ
油 小さじ2　玉ねぎ（みじん切り） 1/2個
白まいたけ（またはしめじ。みじん切り） 1パック
麦みそ 大さじ2　にんじん 2本
塩 少々　木綿豆腐 1丁

Ⓐ
- 好みのナッツ 計1/2カップ
  （くるみ、ピーナッツなど。粗みじん切り）
- 麩（細かく砕く） 1/2カップ
- 長いも（すりおろす） 1/4カップ
- 小麦粉 2/3カップ

1　フライパンに油としょうがを入れ、弱火でじっくりと熱する。いい香りがしてきたら玉ねぎを加えて少し色づくまで炒め、白まいたけを加えてさらに炒める。麦みそ、塩で味つけする。
2　にんじんは蒸し煮し（P.9）、つぶす。
3　鍋に湯を沸かし、豆腐をくずし入れる。ふたたび沸騰したらざるに上げ、皿で20分以上重しをしてしっかり水気を切る。
4　1に2、3、Aを順に加え混ぜる。
5　天板にオーブンシートを敷いて油（分量外）を塗る。4をのせてローフ形にととのえ、190℃のオーブンで20〜25分焼く。

※にんじんは水分を完全にとばし、豆腐はしっかり水切りしてください。

きのこの食感が肉っぽさを高めます
きのこローフ

にんにく（みじん切り） 1かけ　オリーブ油 大さじ1
玉ねぎ（みじん切り） 1/2個
きのこ2〜3種　計3パック
（まいたけ、生しいたけ、マッシュルーム、
しめじなど。粗みじん切り）

Ⓐ
- みそ 大さじ2　塩、しょうが汁 各小さじ1
- しょうゆ、こしょう 各少々

Ⓑ
- 高野豆腐 4枚
  （熱湯に浸してもどし、水気を絞ってみじん切り）
- 麩（細かく砕く） 1/2カップ
- 長いも（すりおろす） 1/4カップ　小麦粉 3/4カップ

1　フライパンにオリーブ油とにんにくを入れ、弱火でじっくりと熱する。いい香りがしてきたら玉ねぎを加えて少し色づくまで炒め、きのこを加えてさらに炒める。Aで味つけする。
2　1にBを順に加え混ぜる。
3　天板にオーブンシートを敷き、油（分量外）を塗る。2をのせてローフ形にととのえ、190℃のオーブンで20〜25分焼く。

※スライスして冷凍しておくと、すぐに使えて便利。お弁当のおかずなどにも大活躍します（にんじんローフも同じ）。

ゆばの精進ハムは適宜に切り、サニーレタスなどと一緒に好みのパンに挟む。
油揚げの北京ダック風は、甘みそを塗った油揚げを、白髪ねぎ、水菜と一緒に
パンに挟む。パンは、柔らかな口あたりの食パンがおすすめ。

左から「ゆばの精進ハム」のサンドイッチ、「油揚げの北京ダック風」のサンドイッチ

ハムそっくりの形がユニーク。五香粉の香りがきいた不思議なおいしさ

ゆばの精進ハム

干しゆば　100g
しょうゆ　大さじ3
五香粉　小さじ1強
ごま油　少々
木綿豆腐　1丁
Ⓐ　みそ、練りごま(白)　各大さじ1
　　ごま油　大さじ1
小麦粉　1/2カップ

1　干しゆばは小さくちぎってぬるま湯に浸してもどし、水気を絞る。
鍋に入れてひたひたの水(分量外)を加え、しょうゆも加えて煮る。
汁気が少なくなったら五香粉を加え混ぜ、ごま油も加えて
汁気がなくなるまで煮つめる。
2　鍋に湯を沸かし、豆腐をくずし入れる。ふたたび沸騰したらざるに上げ、
皿で30分ほど重しをしてしっかり水気を切る。
3　2とAをミキサーまたはフードプロセッサーにかけてなめらかにする。
4　3に1と小麦粉を順に加え混ぜる。
5　4をラップに直径5〜6cmの棒状にのせて巻き込み、
さらにさらしできつく巻き、両端をねじってタコ糸でとめてハム状にする。
6　5を強火で30分ほど蒸す。吊るして冷ます。

※ゆばは汁気を完全にとばし、豆腐は充分水切りすることがポイントです。

香ばしく焼いた油揚げとコクのある甘みその組合せ

油揚げの北京ダック風

油揚げ(開いて4等分する)　1枚
長ねぎ(白い部分)　適量
水菜(適当に切る)　適量
甘みそ
　豆みそ、水　各大さじ1
　甘酒　大さじ1
　(無加糖のもの。またはメープルシロップ)
　麦みそ　大さじ1/2
　ごま油　小さじ1/2

1　油揚げはオーブントースターまたは油をひかないフライパンで、
パリパリになるまでじっくりと焼く。
2　長ねぎはせん切りにし、水にさっとさらして水気を切る。
3　甘みその材料を小鍋に入れ、トロッとするまで火にかける。
4　器に1を盛り、2、3、水菜を添える。

おやつのメニュー

ソフトビスケット

パンやスコーン感覚のビスケット。
バターも卵も加えないのに、さっくり、しっとりした口あたりです。
その秘密は、粉と油をさらさらになるまですり合わせ、
混ぜすぎずに生地をまとめること。そしてそれぞれ、
登場素材が決めてです。大きめに焼いて、どうぞ。

左上からおからと切干大根、高野豆腐といちご、右上からそば粉とりんご、柿と白みそ

おからと切干大根

おからの効果でしっとり。塩とごまで自然な甘みをひきたてます

切干大根 ひとつかみ
A ┌ 薄力粉 1カップ
　├ 乾燥おから ½カップ
　└ ごま油 大さじ2
炒りごま（白） 大さじ2
塩 小さじ½
水 適量

1　切干大根はざるに入れてさっと水をとおし、5分ほどおく。柔らかくもどったら粗みじん切りにする。
2　Aを指ですり合わせてさらさらのそぼろ状にする。1と炒りごま、塩を加え、水を加減しながら加え混ぜてまとめる。
3　6〜8等分して厚さ2cmほどの円形にし、フォークで5〜6ヵ所穴をあける。オーブンシートを敷いた天板にのせ、200℃のオーブンで12分ほど焼く。

※シチューやスープなどに添えるのもアイデア。
※乾燥おからは市販されていますが、手づくりもできます。オーブンシートを敷いた天板におからを広げ、低温（130℃くらい）のオーブンでときどき混ぜながらカラカラになるまで乾燥焼きし、ミキサーまたはフードプロセッサーにかけて細かくすればでき上がり。冷凍可。
※薄力粉は好みで全粒粉にかえてもかまいません（ほかのビスケットも同じ）。

高野豆腐といちご

高野豆腐に含まれる重曹が、生地をサクッと軽くします

高野豆腐（重曹入りのもの） 50g
薄力粉 ½カップ
油 大さじ2
レーズン（刻む） 適量
塩 少々
いちご（粗くつぶす） ½カップ弱

1　高野豆腐はすりおろして粉状にし、薄力粉を混ぜる。油を加え、指ですり合わせてさらさらのそぼろ状にする。
2　1にレーズンと塩を加え、いちごを加減しながら加え混ぜてまとめる。
3　6〜8等分して厚さ2cmほどの円形にし、フォークで5〜6ヵ所穴をあける。オーブンシートを敷いた天板にのせ、180〜190℃のオーブンで12分ほど焼く。

※ブルーベリーでもおいしくできます。

そば粉とりんご

そば粉ならではのさっくり感。そば粉とりんごはよく合います

りんご（1cm角切り） 1個
ブランデー 大さじ1（好みで加減）
そば粉 1カップ
油 大さじ1
塩 少々
水 約½カップ

1　りんごは軽く塩をふり、130〜150℃のオーブンで30〜40分じっくりと乾燥焼きする。ブランデーをふっておく。
2　そば粉に油を加え、指ですり合わせてさらさらのそぼろ状にする。1と塩を加え、水を加減しながら加え混ぜてまとめる。
3　6〜8等分して厚さ2cmほどの円形にし、フォークで5〜6ヵ所穴をあける。オーブンシートを敷いた天板にのせ、180〜190℃のオーブンで10分ほど焼く。

柿と白みそ

柔らかな口あたり。フルーティーでコクのある甘さです

薄力粉 1カップ強
油 大さじ2
すりごま（白） 小さじ1
塩 少々
柿（5mm角切り） 1個
白みそ 大さじ2
水 適宜

1　薄力粉に油を加え、指ですり合わせてさらさらのそぼろ状にする。
2　1にすりごま、塩、混ぜ合わせた柿と白みそを加え混ぜてまとめる。水分がたりなければ水を加減しながら加える。
3　6〜8等分して厚さ2cmほどの円形にし、フォークで5〜6ヵ所穴をあける。オーブンシートを敷いた天板にのせ、190℃のオーブンで12分ほど焼く。

※生地がべたつく時は、スプーンやフォークですくって直接天板に落として焼いてもかまいません（ほかのビスケットも同じ）。

まるごとベジまんじゅう

100％野菜や栗で生地をつくった蒸しまんじゅう。
表面のつるんとした薄皮は、蒸す前に片栗粉をまぶすことで生まれます。
素材そのままの自然な色合いは、見とれるほどの美しさ。
それぞれ変えた中のあんもお楽しみです。

左上からさつまいも、甘栗、右上からゆり根、かぼちゃ

中は干しいもあん
さつまいも

さつまいも 1本 塩 少々
しょうが汁 小さじ1
干しいも(粗みじん切り) 3〜4枚
ごま油 少々
炒りごま(白) 適量
片栗粉 適量

1 さつまいもは蒸し煮し(P.9)、裏漉しする。しょうが汁を加え、8等分する。
2 フライパンにごま油を熱し、干しいもを炒める。炒りごまをふり、8等分する。
3 1を広げて2を1個分ずつのせて包み、まるめる。片栗粉を薄くまぶしつける。
4 蒸し器にクッキングシートを敷いて3をのせ、弱火で5〜6分蒸す。

中はプルーンあん
甘 栗

甘栗 20個 塩 少々
プルーン(ざく切り) 4個
ブランデー 少々
片栗粉 適量

1 甘栗はさっと蒸し煮し(P.9)、裏漉しする。8等分する。
2 プルーンにブランデーをふり、8等分する。
3 1を広げて2を1個分ずつのせて包み、まるめる。
 片栗粉を薄くまぶしつける。
4 蒸し器にクッキングシートを敷いて3をのせ、弱火で5〜6分蒸す。

中はレーズン小豆あん
ゆり根

ゆり根 2〜3個 塩 少々
A ┌ ゆでた小豆 大さじ5
  │ レーズン(刻む) 大さじ2
  │ 塩 少々
  └ 水 1/4カップ
片栗粉 適量

1 ゆり根は1枚ずつはがして洗い、蒸し煮する(P.9)。裏漉しして8等分する。
2 鍋にAを入れて弱火にかけ、木べらで混ぜながら練る。8等分する。
3 1を広げて2を1個分ずつのせて包み、まるめる。片栗粉を薄くまぶしつける。
4 蒸し器にクッキングシートを敷いて3をのせ、弱火で5〜6分蒸す。

※ゆで小豆+レーズンで、かんたんに砂糖なしで小豆あんができます。
※ゆで小豆は市販品でかまいませんが、無加糖のものを使ってください。

中はくるみ白みそあん
かぼちゃ

かぼちゃ 1/4個 塩 少々
A ┌ 白みそ 大さじ2
  │ くるみ(砕く) 大さじ2
  └ ゆずの皮(あれば。みじん切り) 少々
片栗粉 適量

1 かぼちゃは蒸し煮し(P.9)、裏漉しする。8等分する。
2 Aを混ぜて8等分する。
3 1を広げて2を1個分ずつのせて包み、まるめる。
 片栗粉を薄くまぶしつける。
4 蒸し器にクッキングシートを敷いて3をのせ、弱火で5〜6分蒸す。

ふわとろドリンク

ふんわり柔らかな飲みごこちの、デザートドリンク。
それぞれの素材の新しい魅力を発見できます。
体にも心にもやさしい、目にもさわやかなドリンクたちです。

豆腐のミルクセーキ

きゅうりのビネガーシェイク

オクラの豆乳アイスラテ

ぶどうのとろろシェイク

□ どのドリンクもつくり方は同じ。
すべての材料をミキサーまたはフードプロセッサーにかけてなめらかにする。

豆腐のミルクセーキ

絹ごし豆腐 1/4丁　豆乳 1カップ
メープルシロップ 大さじ2
バニラエッセンス 少々

きゅうりのビネガーシェイク

きゅうり（適当に切る） 1本
水 2/3カップ　甘酒（無加糖のもの） 1/3カップ
米酢 大さじ2（好みで加減）　塩 少々

オクラの豆乳アイスラテ

オクラ（さっとゆで、種をとる） 8本
豆乳 1 1/2カップ
メープルシロップ 大さじ2

※ちょっと抹茶に似た味わいになります。
※薄い輪切りにしたオクラを少量残し、飾りにしてもかわいい。

ぶどうのとろろシェイク

長いも（皮をむき、すりおろす） 1カップ
ぶどう（皮をむき、種をとる） 1/2カップ
甘酒（無加糖のもの） 1/4カップ
レモン汁 小さじ1　塩 少々

※長いも＋酸味のあるフルーツで、意外なおいしさが生まれます。
このドリンクは、ちょっと小豆に似た味わい。
いちご、ブルーベリー、キウィなどのとろろシェイクもおすすめです。

野菜のコンポート

野菜をワインやジュースなどと一緒にじっくり煮て、フルーツに変身させました。デザートにもうれしいユニークな一品。よく冷やして食べるのがおすすめです。

長いも 　れんこん

にんじん　大根

□ どのコンポートもつくり方は同じ。すべての材料を鍋に入れて火にかけ、沸騰したら弱火にし、煮汁が少なくなるまで煮る。ただし、長いものコンポートは、くこの実のみ最後に加え、1～2分煮て仕上げる。れんこんのコンポートのミントは、好みで飾る。

長いも

長いも（1cm厚さの輪切り）　10cm　白ぶどうジュース　1カップ
白ワイン（甘口）　1/2カップ　塩　少々　くこの実　適量

れんこん

れんこん（1cm厚さの輪切り）　小1節
赤ぶどうジュース　1カップ
赤ワイン（甘口。国産の無添加のもの）　1/2カップ
レーズン　1/4カップ　塩　少々　ミントの葉　適宜

※甘口の赤ワインがない場合は、渋みの少ない赤ワインに味をみながらメープルシロップなどを加えて代用してください（にんじんのコンポートも同じ）。

にんじん

にんじん（1cm厚さの輪切り）　10cm　オレンジジュース　1カップ
赤ワイン（甘口。国産の無添加のもの）　1/4カップ
レモン汁　大さじ1　プルーン　4～5個　塩　少々
クローブ　3個　シナモンスティック　1本

大根

大根（1cm厚さの半月またはいちょう切り）　8cm
りんごジュース　1カップ　白ワイン（甘口）　1/4カップ
りんご酢（または米酢）　大さじ2
ドライアプリコット　4～5個　塩　少々

※ちょっとパイナップルに似た趣になります。

これからも、日々菜々

私が主宰するベジタリアン料理教室で、生徒さんに「実は私、野菜がきらいでした」というと、皆さん、えっ！ という顔をされます。野菜のお料理ばかりつくっている人の言葉？ という感じで。でも、これは本当です。野菜独特の青っぽさやクセは、基本的には苦手なんです。

たとえば、セロリ。そのままではちょっとクセがあります。でも、薬味でアクセントをつけたみそなどをつけると、セロリのクセとほどよくバランスがとれておいしく食べられます。また、セロリをさっと炒めて塩で味をひきしめると、セロリの持ち味は際立ちながら余分なクセはなくなり、見違えるおいしさに。あえものなどの主役としてはもちろん、チャーハンやラーメンの具などとしても重宝します。

こんなふうに、「自分がおいしく食べられるように工夫する」という発想が、私の野菜料理の源です。体にいいからと禁欲的に野菜を食べるのではなく、あくまでも野菜の持ち味を生かして、楽しくおいしく食べたいと思うのです。そのためか、私のレシピは、ふだん野菜が苦手な方でも抵抗なく食べられるものが多いようです。前作『菜菜ごはん』がたくさんの方に受け入れていただけたのは、そういうこともあるのかなと感じています。

野菜を代表とする植物性素材は、味の奥行きが深く、毎日発見の連続です。それは、人の魅力が尽きることがないのと同じように、植物性素材の個性も、つき合えばつき合うほど広がりと深さが見えてくるからなのでしょう。

私は野菜を手にすると、まず野菜が育ってきた畑を想像します。太陽の光や土の栄養、空からふる雨、そしてつくり手のエネルギーが野菜を育てます。ひと粒の種が育って私の手元にくるまでに、どれほどたくさんのものと人が関わってきたことでしょう。そう思うと、自然に感謝の気持がわいてきます。

そして、野菜の色や形の美しさ、香りは、とても魅力的です。たくさんの旬のみずみずしい野菜をざるに並べると、美しい絵を見た時のように心が感動で満たされます。カラーセラピーやアロマセラピーなどが心のいやしとして人気ですが、特別なことをしなくても、たくさんの野菜に囲まれてすごす日常は、そのまま私のヒーリングになっているような気がします。

どんな野菜にも、それぞれのおいしさがあります。その持ち味は、加熱の仕方や切り方、とり合わせる調味料などによってひき出すことができます。これまで脇役としてしか使われてこなかった野菜たちを魅力たっぷりの主役に仕上げることは、シンデレラをつくり上げるような喜びがあります。それは、時には、おそらくその野菜自身も気づいていないような魅力に、私が気づくこと。そして、その魅力を大切にしてお料理を完成させること。それが、私の仕事だと思っています。野菜がうれしそうな顔になってくれて、お料理する私も楽しめ、そのお料理を食べてくれる人たちがとびっきりの笑顔になること。そんなストーリーを原動力に、私はこれからも毎日野菜と向き合い、お料理を創っていきたいと思っています。

カノウユミコ

ますます 菜菜ごはん
野菜・豆etc. 素材はすべて植物性 楽しさ広がるレシピ集

初版発行	2005年9月10日
6版発行	2010年7月10日

著者©	カノウユミコ
発行者	土肥大介
発行所	株式会社柴田書店
	〒113-8477
	東京都文京区湯島3-26-9 イヤサカビル3、4F
	書籍編集部　03-5816-8260
	営業部　　　03-5816-8282（お問合せ）
	ホームページ　http://www.shibatashoten.co.jp
印刷所	凸版印刷株式会社
製本所	凸版印刷株式会社
ISBN	978-4-388-05982-9

本書収録内容の無断転載・複写（コピー）・引用・データ配信等の行為は固く禁じます。
乱丁・落丁本はお取替えいたします。
Printed in Japan